Abraham Tawrogi

Der talmudische Tractat Derech Erez Sutta

Nach Handschriften und seltenen Ausgaben

Abraham Tawrogi

Der talmudische Tractat Derech Erez Sutta
Nach Handschriften und seltenen Ausgaben

ISBN/EAN: 9783743456280

Hergestellt in Europa, USA, Kanada, Australien, Japan

Cover: Foto ©ninafisch / pixelio.de

Weitere Bücher finden Sie auf **www.hansebooks.com**

Der talmudische Tractat

DERECH EREZ SUTTA

nach Handschriften und seltenen Ausgaben,
mit Parallelstellen und Varianten kritisch bearbeitet,
übersetzt und erläutert.

INAUGURAL-DISSERTATION

zur

Erlangung der Doctorwürde

von der

Philosophischen Facultät der Albertus-Universität

zu

Königsberg i. Pr.

genehmigt

und

am 19. März 1885 um 12 Uhr

nebst den angeführten Thesen

im Auditorium maximum

öffentlich verteidigt

von

Abraham Tawrogi.

Opponenten:

Ludwig Levy, Probandus am Kgl. Wilh.-Gymn.
Adolf Keil, stud. theol.

Königsberg i. Pr.
Gedruckt bei E. Erlatis, Fleischbänkenstrasse No. 20.
1885.

Seinem hochverehrten Lehrer

Herrn Rabbiner Dr. J. Bamberger

in dankbarer Hochachtung.

In unseren Talmudausgaben, gewöhnlich am Ende der vierten Hauptabteilung [1] — סדר נזיקין —, finden sich eine Anzahl in Form der Mischnah angelegter Abhandlungen, die unter dem Namen „Kleine Tractate" — מסכתות קטנות — bekannt sind, und, da sie nach dem Abschluss des Talmuds entstanden und die betreffenden Bestimmungen des Gesamtwerkes ergänzen und vervollständigen sollen, als Additamente zu demselben betrachtet werden. [2])

Zu diesen „Kleinen Tractaten" gehört auch der Tractat „Derech-Erez sutta", [3]) der eine Fortsetzung des Tractates „Derech-Erez rabba" bildet. [4]) Derselbe ist in der Gestalt, wie er uns heute in den Talmudausgaben vorliegt, weder das Product eines Autors, noch gehören seine einzelnen Teile einer und derselben Zeit an.

---

[1]) Hinter dem Tr. Edujoth. — Ed. Wilna 1843 hat die „Kleinen Tractate" hinter Baba kama.

[2]) Ursprünglich sind sie wohl lediglich für den Einzelgebrauch bestimmt gewesen und erst später dem Talmud einverleibt worden.

[3]) Nachmani u. Meiri zählen als zu den „Kl. Tr." gehörig folgende sieben auf: 1. מסכת ספר תורה womit מסכת סופרים im Zusammenhange steht. 2. מסכת מזוזה 3. מסכת תפילין 4. מסכת ציצית 5. מסכת עבדים 6. מסכת כותים 7. מסכת גרים; in unseren Talmudausgaben aber finden sich noch, und gewiss die ältesten dieser Sammlungen: אבות דר׳ נתן, אבל רבתי oder מסכת דרך ארץ רבה ודרך ארץ זוטא und כלה, שמחות

[4]) Dieser Tr., 11 Cap. umfassend, enthält Erörterungen über die verbotenen Grade der Ehe, Sittenlehren, Vorschriften über Lebenswandel der Menschen, diätetische Anweisungen und religiöse Ermahnungen u. a. m. cf. Zunz. G. V. pg. 110. Die letzten Worte des Tr: יהי רצון מלפני הקדוש ברוך הוא שתראנו בשמחתה של ירושלים ונהומותיה אמן bilden einen förmlichen Abschluss der ganzen Materie und zeigen, dass das heutige „Derech-Erez sutta" zur Zeit als dieser Abschluss niedergeschrieben wurde, noch nicht bekannt war oder zu demselben gehörte. —

Vielmehr zerfällt er in mehrere Collectionen, die im Allgemeinen dieselben Materien behandeln und daher auch nach und nach an einander gereiht worden sein müssen. Der ganze Tractat zerfällt nämlich in drei Teile: 1. in Cap. I — IV, 2. V — VIII und 3. in Cap. IX.

Die vier ersten Cap. scheinen ursprünglich eine abgeschlossene Sammlung gebildet zu haben, wofür die Schlussworte des IV. Cap.: דברים אלה הרציתי לפניך מה שתרצה עשה שלא תאמר לא התרו בך „Diese Worte habe ich dir vorgeführt, und nun thue, was du willst, sage aber nicht: man hat dich nicht vermahnt", die sich thatsächlich zum Abschluss einer Sammlung sehr gut eignen, zur Genüge sprechen.[1]) Diese Sammlung kann nicht von einem Autor herrühren, indem manche Stücke in demselben sich fast wörtlich wiederholen, andere wieder sich widersprechen.[2]) Auch der Schluss des I. Cap. steht ohne jeden Zusammenhang mit diesem Capitel selbst und scheint gleichfalls ein späteres Anhängsel zu sein. Die nun folgenden Cap. V, VI, VII und VIII, die im Marginal unserer Talmudausgaben als aus dem „Machsor Vitry"[3]) entnommen bezeichnet sind, bilden, da fast ihr ganzer Inhalt aus bekannten Materien zusammengetragen ist, eine Compilation, die erst später unserm Tractate als zweite Sammlung beigefügt worden sein kann.[4]) Diese vier Capitel scheinen bei ihrem geringfügigen Umfange und ihres einheit-

---

[1]) Die noch jetzt vorhandenen Anfangsworte dieser Sammlung: דרכן של תלמידי חכמים gab schon Raschi zu Berach. 22a als Anfang für unseren Tr., der bei ihm eine Barajtha heisst, an.

[2]) Cap. I.
הוי אוהב את התורה ומכבדה
Cap. I.
עלוב ואהוב לכל אדם ושפל לאנשי ביתו
Cap. I.
הרחק מן המביא לידי עבירה
Cap. I.
היה כאסקופה התחתונה וכו׳
Cap. I.
הוי כנוד בקוע וכו׳

Cap. II.
אהוב את התורה וכבדה
Cap. II.
הוי עלוב ואהוב לכל ושפל רוח
Cap. II.
הרחק מן המביא לידי עבירה
Cap. III.
היה כאסקופה התחתונה וכו׳
Cap. II.
הוי כנוד שאינו בקוע וכו׳

[3]) Von R. Simcha aus Vitry.

[4]) Edit. Frankfurt a. O. 1699 hat diese vier Capitel nicht.

lichen Inhaltes wegen, im Gegensatze zu der ersten Sammlung, von einem und demselben Autor zu sein. Das IX. Capitel, das die dritte Gruppe des Tractats ausmacht, scheint seines grösseren Umfanges wegen gleichfalls erst später hinzugefügt worden zu sein. [1]) Dasselbe bildet, was sich auch übrigens in seinen Schlussworten [2]) kundgiebt, den Abschluss des ganzen Tractats. [3])

Was den Inhalt des Tractats anlangt, so ist er in seinem Namen ausgesprochen. „Derech-Erez", [4]) wörtlich „Weg des Landes" (Weltlauf) wird im Talmud und Midrasch häufig gebraucht und bedeutet so viel als Sitte überhaupt, Anstand, gute Lebensart. Der Tractat hält sich, seiner Ueberschrift getreu, frei von religionsgesetzlichen Bestandteilen und enthält teils allgemein giltige moralische Vorschriften und Lebensregeln, teils solche, die ausschliesslich für Gelehrte bestimmt sind, ohne dass diese Scheidung auch nur capitelweise durchgeführt wäre; vielmehr sind die einzelnen Vorschriften zusammenhangslos an einander gereiht. Sie erstrecken sich auf Ermahnungen zur Selbstprüfung und Demut, Vorschriften über das Betragen gegen Andere, Verhalten in Gesellschaft, über Mässigkeit und Resignation, Milde und Geduld, über Ehrerbietung gegen das Alter und über Pflege des Gesetzesstudiums, über Versöhnlichkeit und Friedfertigkeit u. a. m.

---

1) Diesem Cap. scheint das vierte Cap. der ersten Sammlung als Muster zu Grunde gelegen zu haben, denn beide sind sich in ihrer ganzen Anlage auffallend ähnlich; die Eingangsworte sind wesentlich dem I. Cap. der ersten Sammlung entlehnt.

2) Der Schluss ist dem des „Derech-Erez rabba" analog.

3) cf. Zunz, G. V. pg. 112; in der Ed. Riva di Trento 1561 bildet dieses Cap. ebenfalls das Schlusscapitel dieses Tr. In den Talmudausgaben finden sich noch zwei Capitel, die dem Tr. D. E. s. vindiciert werden: ein zehntes und das isoliert stehende Cap. „über den Frieden," cf. hierüber Zunz, G. V. pg. 112.

4) Der Beiname „sutta" „der kleinere" ist dem Tr. jedenfalls gleich nach Abschluss der ersten Sammlung im Gegensatz zu dem bereits vorhandenen D-E-rabba beigelegt worden. Unser Tr. kommt auch unter folgenden Bezeichnungen vor: „Hilchot" cf. Tossafoth zu Bechoroth 44b, „Massecheth Derech-Erez" cf. Raschi zu Ber. 4a, Tossafoth zu Jebam. 16b, Quellennachweis zu Jalk. Gen. §§ 42 u. 76 u. Ed. Riva di Trento, ferner: „Mischnah" cf. Tane debe Eliahu c. 16, „Mischnath Derech-E. s." cf. Tanje rabthi Ed. Warschau 1879 pg. 12,2 und endlich vielleicht auch „Aboth de R. Nathan" cf. Quellennachweis zu Jalkut Ez. § 367.

Diese Sentenzen und Lebensregeln, die aus Aussprüchen der Amoräer und noch älterer Autoritäten, sowie aus Modificationen solcher Aussprüche bestehen, sind durchweg getragen von dem Geiste hoher Gesittung und bilden in ihrer Gesamtheit eine noch zur Stunde beachtenswerte Hodegetik. [1])

Wenn neben den hohen Tugendvorschriften, die sich in reichlicher Zahl finden, auch Regeln und Vorschriften für das äussere Verhalten, sogenannte Anstandsregeln, einen verhältnissmässig breiteren Raum einnehmen, und hierbei selbst untergeordnete Einzelheiten in den Vordergrund treten, so ist nicht zu vergessen, einmal, dass in der That, wie wir oben gezeigt, der Name „Derech-Erez" in erster Reihe, entsprechend dem heute noch giltigen Sprachgebrauche, gerade den „äusseren Anstand" bezeichnet — dann aber, dass diese Vorschriften einer Zeit entstammen, in der eine solche Anweisung durchaus nicht überflüssig erschien.

Die in den Tractat eingeflochtenen geschichtlichen Notizen und sagenhaften Ueberlieferungen dienen durchweg dem Zwecke, die Lehren des Tractats durch Beispiele aus alten Tagen zu bekräftigen und ihre Befolgung als eine verdienstliche zu bezeichnen.

Was die Abfassungszeit des Tractats anlangt, so sind wir ebenso wie in Bezug auf die Sammler seiner einzelnen Teile und den Ordner des ganzen Tractats nur auf Vermutungen angewiesen. Nach Zunz darf das Alter des Tr. nicht später als ins neunte Jahrhundert gesetzt werden. [2])

An dem Tractate „Derech-Erez sutta" haben sich, wie an sämtlichen anderen „Kleinen Tractaten" Editoren und Abschreiber schwer versündigt. Gegenüber der Textübereinstimmung des eigentlichen Talmuds in den verschiedenen Ausgaben variirt hier der Text jeder einzelnen Ausgabe von dem der anderen, zeigt bei den wich-

---

[1]) Zunz in seinen „G. V." pg. 112 sagt: „Das „Derech-Erez sutta", das ein Spiegel für die Gelehrten sein soll, ist voll edler Sittenlehren und kernhafter Lebensweisheit, die Philosophen noch jetzt mit Erfolg studieren dürfen." — R. Amram Gaon in seinem „Siddur" pg. 30 empfiehlt unsern Tr. dem Publicum als Erbauungsschrift für die Sabbathnachmittage.
[2]) cf. s. „G. V." pg. 112.

tigsten Aussprüchen geradezu Lücken und offenbare Corruptelen [1]) auf, wie sie nur Folge einer jahrhunderte langen Vernachlässigung sein können. Die Ursache hierfür ist leicht nachweisbar. Während der eigentliche Talmud schon durch das unausgesetzte Studium, dessen er sich erfreute, im ganzen und grossen vor wesentlichen Textesentstellungen geschützt war, es bei dem Studium desselben thatsächlich zumeist auf den einzelnen Ausdruck und dessen Fixierung ankam, dieser geradezu oft den Gegenstand der Contreverse bildete — namentlich aber der ausgezeichnete, fast den ganzen Talmud begleitende Commentar Raschi's eine Schutzwehr gegen Textesentstellungen bildete, gewissermassen selbst einen correcten Originaltext in sich schloss: war unser Tractat, der mehr den Charakter einer erbaulichen Lecture trägt und nicht zum Gegenstande des Studiums und der Erklärung gemacht wurde, der Willkür und Unwissenheit der Editoren, Abschreiber oder gar Setzer preisgegeben.

Erst seit dem vorigen Jahrhundert erfreut er sich einer grösseren Beachtung und eingehenderen Behandlung. Es wurden verschiedene Glossen und Commentare [2]) zu demselben veröffentlicht und correctere Ausgaben [3]) veranstaltet; allein die Verfasser wussten mit dem Text in seiner vorliegenden Gestalt nichts anzufangen und sahen sich entweder zu gezwungenen Erklärungen oder Textesemendationen genötigt, wenn sie nicht, was häufig der Fall war, einzelne Stellen unerklärt lassen oder als unerklärbar bezeichnen wollten.

---

1) Es scheinen auch kleinere Stücke aus unserm Tr. verloren gegangen zu sein; so citieren „Tanje rabthi" (cf. das. pg. 12,2) und „Chemdah g'nusah" von Edelmann, Ed. Königsberg 1856 pg. 1 zwei Stücke aus demselben, die sich in keiner Ausg. vorfinden. Auf beide Citate machte mich Herr Cantor Birnbaum hier aufmerksam.

2) בנין יהושע von Josua Falk, Dyhernfurth 1783; נחלת יעקב von Jacob Naumburg, Fürth 1793; רגל ישרה von Gedalje ben Israel Lipschütz, Dyhernfurth 1776; ככר לאדן von Ch. J. D. Asulai, Livorno 1801; הגהות von Elia Wilna, Salkowo 1803.

3) Von Frieseck, Luneville 1807; von Harburger (übers. und mit Anm.) Bayreuth 1839, von Landa 1872, bei welchem letzteren der Text nach den Correcturen des Elia Wilna angesetzt ist. Zu erwähnen sind noch zwei „jüdisch-deutsche" — Jargon — Uebersetzungen unseres Tractates: die von Wagenseil, Regiom. 1699 (cf. Wolf, Bibl. hebr. II. 1283 u. 139) und die „Wilna 1878" edierte.

Wir haben daher versucht, den Tractat unter Vergleichung der besseren Ausgaben [1]) mit einander, sowie unter Berücksichtigung sämtlicher, Seite V, Note 2 genannter Glossen und Commentare, unter Heranziehung von Schriften, die den Tractat benutzt, ja ganze Stücke aus demselben enthalten, [2]) unter Benutzung der Originalquellen im Talmud und Midrasch und endlich an der Hand handschriftlichen Materials [3]) einen möglichst correcten Text herzustellen. Wir haben unserer Arbeit keine bestimmte HS. zu Grunde legen können, da auch diese stellenweise corrumpiert sind; vielmehr haben wir bei zweifelhaften Stellen diejenige HS. berücksichtigt, die uns hier sprachlich wie sachlich am correctesten erschien, oft auch durch Heranziehung einer zweiten HS. oder einer einschlägigen Schrift den Text richtig zu stellen gesucht. [4])

---

[1]) Ausser den S. V, Note 3 erwähnten Ausgaben haben wir noch die Ausg. Wilna 1843, Wien 1847, Berlin 1865 und die sehr alte Ausgabe Riva di Trento 1561 benutzt.

[2]) Tane debe Eliahu (cf. Zunz, G. V. pg. 112), Amram Gaons Siddur, Ed. Warschau 1865 (enthält das I. und ein Stück des IV. Cap. unseres Tr.); Reschit-Chochma von Elia di Vidas (enthält viele Stücke aus dem Tr.); Comment. quinque von Coronel, Wien 1864 (enthält Stücke aus fast allen Cap. des Tr.); Jbur Schanim von Aben Susan, Venedig 1573 (enthält das I. Cap).

[3]) An HSS. haben wir benutzt: a) ein handschriftliches Fragment aus der Pariser Bibliothek, das sich nur auf das 1. Cap. unseres Tr. erstreckt und aus dem XV. Jahrh. stammt, b) eine HS. aus dem Vatican, die, wie Herr Rabbinowitz in München vermutet, sehr alt sein soll. Die Capitel I. II. IV. u. IX. unseres Tr. bilden bei dieser HS. das sogenannte פרק דרך ארץ רבה, während die Cap. V. VI. VII. u. VIII. den Namen דרך ארץ זעירא führen und vor ersterem stehen, c) zwei HSS, die im Besitze des Herrn Halberstam in Bielitz sind. Beide seien, wie genannter Herr mir gütigst brieflich mitteilte auf Pergament geschrieben; die eine stamme aus Deutschland oder Frankreich und scheine sehr alt zu sein und die andere, aus seinem bekannten Codex, datiere aus dem XVI. Jahrh. cf. Massecheth Sofrim von Joel Müller pg. 33, Note 88 und Einl. zu Coronel's Comment. quinque.

[4]) Wir haben die Quellen stets angegeben; mit „V." bezeichnen wir die HS. Vatican, mit „C." die aus dem Halberstam'schen Codex, mit „H." die französische, resp. deutsche HS. und mit „P." das Pariser Fragment. Unter „Rv." ist die Ausg. Riva di Trento, unter „A. G." Amram Gaon, unter „J. Sch." Jbbur Schanim, unter „Rch." Reschit-Chochma, unter „Ed." Edition Warschau 1878, unter „As." Asulai und unter „And. LA." die in alten Talmudausgaben etc. angemerkten Lesarten zu verstehen. Die übrigen Quellen sind mit vollständigem Namen angeführt.

VII

Die Varianten etc. aus den HSS.[1] bringen wir der besseren Uebersicht wegen getrennt von denen aus den anderen Schriften; aus demselben Grunde sind die Erklärungen, resp. Conjecturen getrennt. Kleinere Remeduren, die wir selbständig am Texte vorgenommen, sind nur sprachlicher Natur.

Was die Capiteleinteilung[2] des Tr. betrifft, so sind wir der in der Edition bereits bestehenden gefolgt und liessen dieselbe unverändert. Dahingegen theilten wir jedes Cap. je nach dem Zusammenhange und Sinn in kleinere Abschnitte ein. Bei der Uebersetzung, die wir dem Tractate beigefügt, waren wir mehr bedacht, den Sinn wiederzugeben, als eine blosse Wortübertragung zu liefern. —

---

[1] Als solche betrachten wir auch die Ausg. Riva di Trento, Coronels „Comment. quinque", Amram Gaon's „Siddur" und Aben Susans „Jbbur Schanim", da diese Schriften sehr alt und nach sehr alten HSS. ediert sind.

[2] Von der Capiteleinteilung der Ed., die mit der in den HSS. übereinstimmt, weicht die in der Ausg. Riva di Trento sehr ab.

Capitel I.   פרק א.

Gelehrtenart ist*): bescheiden, demütig, gewandt und scharfsinnig**) sein, Unbill ertragen, bei allen wohlgelitten, selbst im Verkehr mit Hausgenossen herablassend sein, Unrecht meiden, jeden Menschen nach seinen Handlungen beurteilen; zum Wahlspruch haben: „Nicht strebe ich nach Gütern dieser Welt; denn das Diesseits gehört nicht mir." Eingehüllt in ein Gewand sitze er zu den Füssen der Weisen;***) niemand gewahre an ihm etwas Ungeziemendes; er frage sachgemäss und antworte schicklich.

דרכן של תלמידי חכמים 1) עניו
ושפל רוח זריו וממולח 2) [a] עלוב
ואהוב לכל אדם 3) ושפל לאנשי
ביתו 4) ירא חטא ודורש את 5) האדם
לפי מעשיו ואומר כל מה 6) שיש 7)
בעולם הזה אין לי חפץ בהם 8) [b] לפי 9)
שאין העולם הזה שלי [c] יושב
ומתעטף בכסותו 10) [d] לפני רגלי
חכמים 11) [e] ואין איש רואה בו דבר
רע 12) [f] שואל כענין 13) ומשיב
כהלכה. 14) [g]

---

1) V: דדכו תלמיד חכם. A. G: דרכי תלמידי חכמים Cn: דרכן וכו'. ר' יהודה אומר דרכן וכו' J. Sch.' — 2) רימאיר אומר דרכן וכו'. Nach Rv. u. Talmud cf. unten Note a; V. Cn. u. A. G. ממולא st. וממולח — 3) V: ואהוב לכל יודעיו Rv: ואהוב לכל C: ואהוב לכל בני. — 4) Rv: אדם st. לאנשים P: ושפל רוח לאנשי ביתו C. hat hinter לאנשי ביתו noch den Zusatz: רכה בלשון. — 5) V: כל st. את. 6) A. G. u. Cn: על מה. — 7) Rv: שיש לו; V. u. Cn: שיש לי. — 8) Rv: אין לו חפץ בו. — 9) ibid. — ומטף בכסותו. 10) sic: Rv; V. A. G. u. Cn: ומטנף בכסותו; P: לפי st. למה. — 11) sic: Rv. V. u. A. G; Cn: לפני תלמידי הכמים. — 12) A. G. fehlt von ואין bis דבר רע; Cn. liest: ואין נשבע בדבר. — 13) C. hat auch hier: כהלכה. 14) H: שואל כענין ומשיב כהלכה

a) Ed: וממולא; nach As. wäre zu lesen במצות וממולא במצות זריו; Rch: ממולא טוב; Tr. Ked. 29b ist ממולח ebenf. in Verb. mit זריו. — b) Rch: כל מה שיש לי בעולם; As: כי אם בתורה בלבד. c) Rch. hat hinter בהם die Worte: יושב ומשנה. — d) sic: Rch; Ed: הזה אין לי חפץ בו שאין העולם הזה שלי. רגלי תלמידי הכמים; E. W: יושב ומשנה ומטיל כסותו ומטנף כסותו. — e) Ed. u. Rch: f) Rch: מכוער für רע. — g) sic: Aboth V, 7.

*) Die Gelehrsamkeit muss durch gute Eigenschaften und eine geziemende Lebensweise gehoben werden cf. Joma 86a; — תלמיד חכם „Schüler des Weisen", eine in den Jahrhunderten nach der Auflösung des jüd. Staates übliche bescheidene Bezeichnung des Gelehrten, die an das gr. φιλόσοφος und chald. תלמידי נביאיא erinnert. — **) ממלה, 2. Part. Pi. von מלה salzen, trop. scharfsinnig sein „salem habere." — ***) cf. Strack zu Pirke Aboth I, 4,

הוי כנוד שאין בו פתח להכניס את הרוח 1) וכערוגה עמוקה שמדזוקת 2) את 3) מימיה וכקנקנה זפותה שמשמרת את יינה 4) (ᵃ וכספוג שסופג 5) את הכל.	Sei wie ein Schlauch, der keine Oeffnung hat, um Luft einzulassen und wie ein tiefgelegenes Beet, das seine Wasser behält und wie ein verpichter Krug, der den Wein bewahrt*) und wie ein Schwamm, der alles aufsaugt.**)
אל תהיה כפתה גדול שמכניס 6) את 7) הרוח 8) ולא כפתה קטן שמנבל 9) את היקרים הוי10) כאסקופה התחתונה 11) שהכל דשין אותה12) (ᵇ וכיתר נמוכה שהכל תולין בה. 13) (ᶜ	Gleiche weder einer grossen Thüre, die dem Winde freien Eingang gestattet, noch einer kleinen, die die Edlen erniedrigt; sei der Unterschwelle gleich, auf die ein jeder tritt und einem niedrig angebrachten Nagel, den jeder benutzen kann.***)

---

1) הוי כנוד V. u. Cn: הוי כנוד בקוע שאינו נפתה להכניס את הרוח ;P: הוי כנוד A. G: היה כנוד Rv: הוי כנוד שֶאִין נושא את הרוח בקוע שנפתה להכניס את הרוח. — 2) Cn: בקוע שנתפתה להכניס את הרוח שהיא מהזקת. — 3) Rv. fehlt את. — 4) Cn: שהיא משמרת ;A. G: שמחזקת יינה. 5) A. G: שהוא סופג. — 6) Cn: ולא תהי כפתה גדול שממכבה Rv: 8) .— את כל הרוח C: 7) .— שהוא מבניס אלא הוי lesen Rv: הוי Für 10) .מנבל st. שהוא מבזה Cn: 9) .— את הרוח V: אלא תהי u. A. G. היה. — 11) V. fehlt התחתונה. — 12) Rv. u. Cn: בה st. אותה. — 13) V. fehlt von וכיתר bis בה. —

ᵃ) sic: Aboth d. R. N. Cap. 41, was einen guten Sinn gibt, während sonst (cf. oben Note 1) das Bild unverständlich ist; Falk corrig. die LA: כנוד בקוע in כנוד שאינו בקוע (cf. Cap. II, S. 13, Note c), welche LA: für die Richtigkeit unseres Textes spricht. Ed. wie A. G. cf. oben Note 1; Rch: היה כנוד ; E. W. wie P. cf. oben Note 1. — ᵇ) Ed: בקוע שנפתה להכניס הרוח אבל לא להוציא דשין בה. — ᶜ) cf. Cap. III, S. 22 Note 1 u. ff. u. Note. a. u. ff.

---

*) Mache das wirklich Gute nur zu deinem Eigenthume. **) Nach Aboth V. 15, wo das „Gleichen einem Schwamme" keine gute Eigenschaft ist (cf. Bertinoro u. Raschi z. St.), wäre vielleicht richtig וכספון in וכספוג zu corrig. was dann besagen würde, dass man nicht dem Schwamme gleiche, der alles unterschiedslos aufsaugt. ***) Gestatte nicht jedermann den Umgang mit dir, beanspruche aber auch nicht, dass diejenigen, welche deines Umganges würdig sind, ihn durch ihre Herabwürdigung erlangen sollen. Solchen gegenüber musst du zugänglich und frei von Gelehrtenstolz sein.

Wirst du an deinem Vermögen geschädigt, so denke an Hiob, der Hab und Gut verloren und noch von Krankheit heimgesucht worden. Treffen dich körperliche Leiden, so denke an Dathan und Abiram, die lebend in die Gruft sanken.*)

Strauchle nicht durch deine Augen; denn jeder Fehltritt rührt von ihnen her. Ziehe dir durch deinen Mund keine Schande zu, auf dass du nicht zu viel essest. Lerne nicht von den „Minim"**), und wende dich von den Geboten nicht ab, damit du nicht ewigem Verderben anheimfallest."

אם לקית בממונך זכור את איוב שלקה בממונו ובגופו 1) ואם לקית בגופך זכור דתן ואבירם שירדו חיים שאולה. 2)

אל תכשל בעיניך שאין מכשול אלא בעינים a) ואל תבוש מפיך 3) שלא תאכל b) יותר מדאי 4) אל תדרוש מן המינים ואל תמשוך מן המצות שלא תמשך לגיהנם. 5) c)

---

1) H. fehlt ובגופו; Rv: בגופו ובממונו. — 2) C: שלקו בגופם וירדו חיים שאולה. — 3) sic: Rv; V. u, Cn: משיגין u. A. G: מן השנים st. מפיך. — 4) sic: Cn; V. u. A. G: שמא תאכל הרבה יותר מדאי; Rv: שמא st. שלא. — 5) Nach H: אל תדרוש עם המינין שלא תמשך בניהנם ואל תמשוך מן המצית שמא תמשך וכו׳ C. Cn: u. P: אל תדרוש מן המינות שמא תמשך לגיהנם; V: עם תדרוש אל ואל תמשך; Rv: עם המינים st. מן המינים A. G. wie V, nur המינים שמא תמשך לניהנם ואל תדרוש עם האפיקורסים J. Sch.; מן המצות ואל תדרוש למינות שמא תמשך לניהנם שמא תמשך לניהנם. —

a) cf. Sota 8a, Sanhedr. 45 u. Berackoth 6. — b) Ed: אל הבוש מן השנים אל יבשל; E. W: אל תמשוך אחר פרפראות שמא תאכל וכו׳; Rch: שמא תאכל וכו׳. — c) Ed. u. E. W. במראה עיניו אל יבוש משיניו לתת להם לאכל יותר מדאי — אל תדרוש מן הצדוקים שמא תמשך לגיהנם —

---

*) Eine Mahnung zur Ergebung in den Willen Gottes durch den Hinweis auf andere, die ein Härteres erduldet. **) Mit מינים vom Sgl. מין „Art", „Gattung" (eig. Abtrennung) bezeichnet man die Sectirer innerhalb des Judenthums. Leitet man es vom arab. Stw. mana „lügen" ab (majunn „Lügenhaftes"), so versteht man unter מינים die Anhänger einer lügenhaften Lehre.

Reden andere übel von dir, so sei das Grösste in deinen Augen geringfügig; hast du aber von andern übel geredet, so sei auch das Unschuldigste in deinen Augen ein Bedeutsames, so dass du dich beeilest, ihn (den Beleidigten) auszusöhnen.

Dein Lebenswandel sei nicht ungeziemend; denn dadurch entwürdigst du die Religion; er sei tadellos; denn nur dies ist der Gelehrten würdig. Liebe die „Thora" und halte sie in Ehren.

Lass deine Wünsche vor dem Wunsche des Freundes zurücktreten; denn so handelte Rahel gegen Lea*) und David gegen

אם יאמרו אחרים עליך 1) a) דבר רע b) גדול יהיה בעיניך כקטן אם תאמר c) על אחרים 2) דבר רע קטן יהי בעיניך כגדול עד שתלך ותפיים אותו. 3) (d

אל יהי פרקך 4) e) רע שאין זה 5) שבחה של תורה אלא יהי פרקך נאה 6) שכן שבחן של תלמידי חכמים 7) הוי אוהב את התורה ומכבדה. 8)

העבר רצונך מפני רצון חברך 9) שכן עשתה רחל ללאה ודוד

---

1) sic: V. u. Cn; P. u. A. G: אם אומרים עליך; Rv: ואם אמרו עליך אחרים. — 2) sic: V; Cn u. A. G: אמרת; ואם; Rv: ואם אמרו לאחרים, welche LA. korrupt ist. — 3) sic: Cn; V: ותפיים אותו, A. G: ותפיים ממנו; Rv: ותפייסו. — 4) C: פקדונך ופרקך. — 5) sic: A. G; V: שאינו; C. u. P: שאין; Rv: שאין בו für שאין זה. — 6) sic: Rv. Cn. u. P; C: טוב; V. u. A. G: שכן שבחן u. A: G. שבו שבהו של für נאה. — 7) Nach P: שכן שבחה של תלמידי חכמים; V. u. C: שכן שבחה של תורה; Cn: שכן שבחך; Rv: שכן שבחו של הכמים. — 8) sic: Cn; V. u. P: אהוב את התורה וכבד את התורה; A. G: ומכבד את התורה u. J. Sch. hat den Zus.: צדיקים ותלמידי חכמים ומכבד את Rv: אהוב את התורה וכבדה. — 9) Rv: אחרים st. חברך. — ומכבדה st. לומדיה

a) Ed. Friseck, Luneville 1807. Ed: אם; אם אומרים על יד אהרים. — b) ibid. schaltet hier ein: אל תענם. — c) ibid. אם אמרת. — אומרים עליך. d) ibid. אותו st. עליו. — e) And. LA. פקדונך ופרקך. E. W. u. As. streichen: פקדונך

---

* Rahel leistete auf ihr Anrecht, zuerst dem Jacob als Gattin zugeführt zu werden, zu Gunsten ihrer Schwester Lea gern Verzicht. cf. Raschi zu Gen. 29,33 u. Baba bathra 123a. —

Saul.*) Aber dein und deines Freundes Wille trete zurück gegenüber göttlicher Vorschrift, wie Jacob es sich versagte, seinen Sohn Joseph zu küssen.**) Liebe das „Vielleicht" und hasse das „Denn-was" oder wie R. Chidkah sagt: „Liebe das Vielleicht und hasse das „Wasdaran".***) Meide was zur Sünde führt und die Berührung des Gemeinen aller Art, dass man dich keiner Sünde zeihe.

לשאול העבר רצונך 1) ורצון חברך 2)
מפני רצון שמים a) שכן מצינו
ביעקב 3) שלא נשק לו ליוסף. 4 (b

אהוב את השמא ושנא הכי מה 5) (c
ר׳ חדקא 6) אומר d) בלשון אחרת
אהוב את השמא ושנא את המה
בכך 7) e) הרחק מן המביא לידי
עבירה 8) f) מן הכיעור ומן הדומה
לכיעור 9) g) שמא יחשדוך אחרים 10)
בעבירה, 11)

— .כיעקב 3) V: אבינו — .ורצון הברך 2) Cn. fehlt הברך. — 2) Cn. fehlt רצונך. — 1) A. G. fehlt
— .שלא נשק ליוסף Cn: ;שלא נשק יוסף Rv: ;V. P. u. A. G (4 sic:
hat: Rv. — 6) Nur הכי מה st. את הכמה. — 5) sic: C. H. u. Rv; V: את הבימה u. A. G.
Nur (8 .את הבמה :H .u .C ;Rv :sic (7 — .ר׳ חדקא st. ר׳ חזקיה
:fehlt .Rv (10 — .לכיעור st. לו :Cn (9 — .הרחק . . . עבירה :Worte die hat .G .A
S. 6, Note 4. cf. später erst dieses folgt .V bei ;עבירה st. בדברי עבירה :Cn (11 — .אחרים.

---

a) Aboth II, 4: עשה רצונו כרצונך כדי שיעשה רצונך כרצונו בטל רצונך
cf. Dr. ;שלא נשק ליוסף :Ed (b מפני רצונו כדי שיבטל רצון אחרים מפני רצונך
Berliner, לקוטים, wo angegeben wird, dass diese Stelle in den תשובות הגאונים
C. 45 Ed. Lyck namens des R. Jehuda Gaon citirt wird; cf. Redak z. St.
Gen. 46,29. — c) Ed: את הכמה — d) ibid: היה אומר st. אומר. — e) ibid:
הכמה בכך; Naumburg u. E. W. lesen wie unser Text. — f) Ed. hat auch:
עבירה . . . . . . הרחק g) Aboth d. R. Nathan C. II. u. Chuullin 44 b:
לכיעור st. לו.

---

*) cf. Sam. I, 24,7 u. 26,9. — **) Gen. 46,29 heisst es: Und er (Joseph) fiel um seinen (Jacobs) Hals und nicht wie bei Josephs und Benjamins Umarmung, dass sie sich gegenseitig umarmt hätten, was der Midrasch dahin erklärt, dass Jacob zur selben Stunde sein Morgengebet verrichtet habe, cf. Raschi zu St. Im Tr. Kalla. Ed. Coronel pg. 8b wird ein anderer Grund angegeben. ***) Stelle keine Behauptungen über Grösse und Weise eines Gegenstandes auf, die du nicht zu erhärten vermagst, cf. מדרש שמואל zu Aboth II, 10.

Verläumde deinen Nächsten nicht; denn für den Verläumder giebt es keine Sühne.*) Iss nicht mit einem unwissenden Priester zusammen; denn er könnte dir von den Heiligtümern darreichen. Tadle nicht zu viel, auf dass du nicht das an anderen tadelst, wobei du selbst beharrest.

Mit sieben Vätern wurde ein Bund geschlossen; folgende sind es: Abraham, Isaac und Jacob, Moses, Ahron, Pinchas und David. Von Abraham heisst es: „An demselben Tage schloss der Ewige einen Bund mit Abraham" (Gen. 15,18); von Isaac: „Aber meinen Bund will ich aufrecht erhalten mit Jizchak" (ibid 17,21); von Jacob: „Und ich werde gedenken meines Bundes mit Jacob" (Levit. 26,42); von Moses: „Denn nach-

אל תלשין על 1) a) חברך שכל המלשין b) אין לו רפואה 2) אל תאכל לחם עם כהן עם הארץ 3) שמא יאכילך בקדשים 4) d) התרחק מן התרעומות שמא c) תתרעם על אחרים ותוסיף לחטא.

שבעה אבות כרותי ברית ואלו הן 5) f) אברהם יצחק ויעקב משה ואהרן ופנחם ודוד 6) g) באברהם כתיב ביום ההוא כרת ה' את אברהם ברית ביצחק כתיב ואת בריתי אקים את יצחק ביעקב כתיב וזכרתי את בריתי יעקב במשה

---

¹) V. u. Cn: את st: על. — ²) Cn. schaltet hier ein: אל תהי פרוץ בנדרים ³) sic: A. G. u. P; Rv: אל תאכל לחם עם כהן הארץ שהנגדרים מביאים לידי שבועות Cn: אל תאכל לחם עם הארץ V. wie unser Text, nur אצל st. עם. — ⁴) P: שמא; A. G. u. Cn: בקדשים st. מקדשי שמים V:; קדשי שמים Rv:; קדש שמים. — Bei V. folgt hier: אל תהי פרוץ בנדרים שלא תמעול התהלל קדשי שמים. — בשבועות הרחק מן הכיעור ומן הדומה לכיעור שמא ישהרך אחרים בעבירה. ⁵) V. fehlt: הן ואלו. — ⁶) Rv: ודוד המלך.

ᵃ) Ed: את st על; ᵇ) ibid. wird hier eingeschaltet: את הבירו. — ᶜ) cf. Sabbath 119b. — ᵈ) Ed. u. Lipschütz; שמא תהלל קדשי קדשים; And. LA: שמא יאכילך קדשי קדשים; Aboth d. R. N: תמעול st, יאכיל; Nedarim 20 hat: ואל תהי רגיל אצל כהן עם הארץ שסופו להאכילך טבלים; E. W. liest wie unser Text. — ᵉ) And. LA: שלא תתרעם ᶠ) Jalkut Gen. § 78 fehlt הן אלו. ᵍ) ibid. fehlt diese Aufzählung der Namen. —

---

*) cf. Maccoth 23b u. Sanhed. 43a über die Strafbarkeit der Verläumdung.

diesen Worten habe ich mit dir einen Bund geschlossen" (Exod. 34,27); von Ahron: „Ein Bund des ewigen Salzes" u. s. w. (Num. 18,19); von Pinchas: „Und es soll ihm sein und seinen Nachkommen nach ihm ein Bund des ewigen Priestertums" (ibid. 25,13); von David: „Ich habe einen Bund geschlossen mit meinem Auserwählten; ich habe zugeschworen meinem Knechte David." (Ps. 89,4.)

Sieben Väter gingen ein zur ewigen Seligkeit und ihre irdische Hülle blieb frei von Verwesung;*) folgende sind es: Abraham, Isaac und Jacob, Moses, Ahron, Amram und Benjamin. Einige sagen auch: David; denn es heisst: „Darum frohlocket mein Herz und jubelt meine Seele; auch mein Fleisch wird sicher ruhen." (Ps. 16,9)

כתיב כי על פי הדברים האלה כרתי אתך ברית ובאהרן כתיב ברית מלח עולם (a וגו' בפנחס כתיב והיתה לו ולזרעו אחריו ברית כהונת עולם בדוד כתיב 1) כרתי ברית לבחירי נשבעתי לדוד עבדי.

שבעה אבות (2 שכבו (3 בכבודו של עולם (4 ולא שלטה בהם רמה ותולעה (5 (c ואלו הן (6 (d אברהם יצחק ויעקב משה ואהרן עמרם (7 (e ובנימין (8 (f ויש אומרים אף דוד (9 שנאמר לכן שמח לבי ויגל כבודי אף בשרי ישכון לבטח.

---

1) V. jedesmal הוא אומר u. Cn: מהו אומר st. כתיב. — 2) sic: Cn. u. A. G. V. u. Rv. fehlt: אבות. — 3) sic: A. G. u. Cn; Rv: שכנו. — 4) sic: Rv. u. V; Cn. u. A. G. בכבוד העולם. — 5) V. u. Rv. fehlt ותולעה. — 6) Cn. fehlt: ואלו הן. — 7) Rv. u. P: עמרם st. מרים (8 Rv. u. P: ובנימין בן יעקב ... בנימין בן V: ;... ועמרם אבי משה ובנימין בן יעקב וישי וכלאב Cn: — . דוד מלך ישראל Rv: (9. יעקב עמרם אבי משה וישי אבי דוד

a) Jalk. Gen. § 78 והשלום st. ברית מלח וכו' ברית מלח וכו' st. ברית היתה אתו החיים והשלום b) Ed. אבות ז'. — c) Jalkut Gen. § 78 u. ibid. Psalmen § 668 fehlt שכנו בכבוד עולם. — d) ibid. Ps. fehlt auch ותולעה. — e) Ed. ואלו הן. — Jalk. ועמרם אביהם; Gen. § 78, ibid. Ps. § 668, Baba bathra 17a und nach diesen E. W: מרים st. עמרם. — f) Ed. fehlt: ובנימין; Jalk. Gen. § 78, ibid. Ps. § 668, Baba bathra 17a und nach diesen E. W: ובנימין בן יעקב. —

*) Nach talmudischer Deutung bezüglicher Bibelstellen cf. Baba bathra 17a.

Neun kamen lebend in den Garten Eden, folgende sind es: Chanoch. Sohn Jereds,*) Eliahu,**) Messias,***) Elieser, Knecht Abrahams,†) Chiram aus Zor;††) Ebed-Melech, der Kuschi;†††) Jabez, der Sohn des R. Jehudah-hanassi;††††)

תשעה נכנסו בחייהם א) לגן עדן ב)
ואלו הן חנוך בן ירד ג) ואליהו ד)
ומשיח ה) ואליעזר עבד אברהם ו)
וחירם מצור ז) ועבד מלך הכושי ח)
ויעבץ בנו ט) של ר' יהודה הנשיא י)

---

¹) H. hat: ויעבץ נכד ר' יהודא הנשיא und zählt ausserdem auf: ויונדב בן רכב, der wegen seiner Frömmigkeit in der Zeit Ahabs bekannt war, cf. II, Reg. 10,15 23, wie Jer. 35,1 ff und: דור מלחם העוף, welche letztere Worte korrumpiert u. wohl in דוד מבית לחם zu corrig. sind; C: ויעבץ ובן בנו. —

a) Jalkut Ez. § 367: בחיים. — b) ibid. Gen. § 76: בחייהם. — c) בגן עדן. — c) ibid Ez. § 367 u. Gen. §§ 42 u. 76 fehlt: בן ירד — d) ibid. Ez. § 367 אליהו ז"ל. — e) ibid. Gen. §§ 42 u. 76 ימשיח ואליהו — f) ibid Gen. § 76 u. Ez. § 367 fehlt: עבד אברהם. — g) Ed: וחירם מלך צור. — h) Jalk. Ez. § 367 u. Gen. §§ 42 u. 76 ועבד מלך הכושי וחירם מלך צור. — i) ibid. Ez. § 367: בן בנו

*) cf. Gen. 5,24 u. Raschi z. d. St. Zu erwähnen ist, dass Chanoch's Frömmigkeit, die Jalk. Gen. § 42 u. Wajikra r. P. 25 hervorgehoben, an anderer Stelle, wie Jalk. Chron. I, § 1072 u. Bereschit r. P. 25 in Zweifel gezogen wird. — **) cf. II. Reg. 2,11. — ***) cf. Sanhedr. 98b — †) wohl für seine Treue gegen Abraham; cf. auch Baba bathra 58a u. Raschi hierzu, sowie Tr. Kalla, Ed. Cornel pg 10 u. Kerem-Chemed VII. pg 215. — ††) Die LA. הירם מלך צור hat sich wohl im Laufe der Zeit eingeschlichen und ist unbedingt falsch, da der König von Tyrus nach Baba bathra 75a u. Ber. r. P. 96 u. Jalk. Ez. § 367 von Gott verworfen wurde und daher von der frommen Sage nicht nach dem Paradies versetzt worden sein kann; vielmehr handelt es sich hier um הירם מצור — den Künstler Hiram aus Zor (I. Reg. 7,45) cf. Tr. Kalla, Ed. Coron. pg. 10 u. das. pg 19b. — †††) wohl als Belohnung dafür, dass er Jeremias aus der Grube heraufzog (Jerem. 38,6—13 ff); nach Pirke de R. Eleasar P. 53 ist עבד מלך הכושי mit Baruch, Sohn Nerias (Jerem. 36,4) identisch. ††††) Weder Jost noch Grätz kennen einen Sohn des R. Jehuda hanassi Namens Jabez; hingegen wird er im „Hachaluz" II (von Krochmal) pg. 89 u. in den „biogr. Skizzen" des R. Jehudah h. (zu Mischnajoth I, Ed. Wien 1815) aufgezählt und mit einem im Jünglingsalter verstorbenen Sohne des R. J. h. (Ketuboth 62) für gleich gehalten. Nach Kerem-Chemed VII, pg 215 ff ist es „Jabez", der I Chr. 4,10 erwähnt wird. Im Tr. Temurah 16, wird der Vers 10 in I Chr. Cap. 4, der eine Bitte, die Jabez von Gott erfleht, enthält, von R. Jehudah h. gedeutet. Vielleicht liesse sich annehmen, da auch der Talmud keinen Sohn des R. Jehudah h. kennt, dass die beiden infolgedessen irrthümlich in Verbindung gebracht worden sind. —

Serach, Tochter Ascher's*) und Bathia, Tochter Pharao's.**) Andere (Talmudlehrer) sagen: Auch R. Josua, Sohn Levi's.***)	וסרח בת אשר ובתיה בת פרעה ויש אומרים אף ר׳ יהושע בן לוי.¹) ᵃ⁾

---

¹) C. hat: ויש אומרים הוציא P: ויש אומרים יצא חירם ונכנס רבי יוסי הגלילי: תשעה נכנסו בחייהם לגן עדן אלו הן Rv:; חירם מלך צר והכנים ר׳ יהושע בן לוי חנוך אליהו ומשיח ועבד מלך הכושי ואליעזר עבד אברהם וחירם מלך צור ויעבץ בן בנו של ר׳ יהודה הנשיא וסרה בת אשר ובתיה בת פרעה ויש אומרים הוציא ט׳ נכנסו להיייהן בגן עדן ואלו הן V:; חירם מלך צור והכנס תחתיו רבי יהושע בן לוי חנוך ואליהו ומשיח ואליעזר עבד אברהם וחירם מלך צור ועבד מלך הכושי ויעבץ בן Cn. zählt ;בנו של יהודה הנשיא בתיה בת פרעה ויש אומרים אף רבי יהושע בן לוי folgende auf: שבעה נכנסו בחייהם לגן עדן. אלו הן שרה ובתיה בת פרעה חירם מצור ועבד מלך כושי אליעזר וכן בנו של ר׳ יהודה הנשיא ור׳ יהושע בן לוי ויעבץ. —

ᵃ) Jalk. Ez. § 367 u. Jalk. Gen. §§ 42 u. 76: ויש אומרים הוציא חירם ונכנס תחתיו רבי יהושע בן לוי; Kerem-Chemed VII pg. 215 hat: שבעה נכנסו בחייהן לגן עדן אלו הן סרה בת אשר ובתיה בת פרעה חירם מלך צור עבד מלך הכושי אליעזר עבד אברהם ויעבץ ובן בנו של רבי יהודה הנשיא Jalk. Ez. § 367 findet sich auch folg. Stelle: שלשה עשר הן שלא טעמו טעם מיתה אלו הם הנוך ואליעזר עבד אברהם ומתושלח וחירם מלך צור ועבד מלך הכושי ובתיה בת פרעה וסרה בת אשר ושלשה בני קרח ואליהו ז״ל ומשיח ורבי יהושע בן לוי. —

---

*) Weil sie zuerst Jacob benachrichtigt haben soll, dass Joseph noch lebe cf. „Sefer-hajaschar" zu Gen. c. 45. — **) cf. „Luchot-habrit," wo Moses u. Ahrons Erziehung ihr zugeschrieben und hierfür dieser Lohn zuerkannt wird. — ***) cf. Ketuboth 77a. —

II. Capitel.

Auf allen deinen Wegen leite dich fromme Absicht;*) liebe Gott und ehrfürchte ihn. Tritt voll ehrfürchtiger Freude an alle Gebote heran. Weile bei erfahrenen Männern, neige dein Ohr ihren Reden zu, und merke auf die Worte deiner Genossen. Antworte nicht voreilig; überdenke reiflich, um in gehöriger Weise erwidern zu können: das Erste zuerst und das Letzte zuletzt. Räume ein, was wahr ist, und sprich nicht in Gegenwart dessen, der dir an Weisheit überlegen ist.

פרק ב.

1) כל דרכיך a) יהיו לשם שמים‎ הוי אוהב (2 את השמים וירא (3 מן‎ השמים (4 b) הוי (5 חרד וששׂ לכל (c‎ המצות (6 שב לפני הזקנים (7 והט (8‎ אזנך לשמוע את (9 דבריהם (10‎ והקשב (d לדברי חברך 11 אל תהי‎ נבהל 12 להשיב והוי מחשב להשיב‎ על 13 הדברים 14 כענין 15 (e על‎ ראשון ראשון ועל אחרון אחרון 16‎ הוי מודה על האמת ואל תדבר 17‎ בפני מי שגדול ממך בחכמה. 18 (f

---

1) V: לשום st. לשם. — 2) Cn: הוי אוהב st. אוהב. — 3) H: התירא u. Cn: וירא st. ירא. — 4) Rv: ירא את השמים ואהוב את השמים. — 5) V. fehlt הוי. — 6) Rv: היה כנוד בקוע שאין נפתה להבנים; V. schallet hier ein: הוי חרד בכל מצוה ‎ את הרוח וכערוגה עמוקה שמחזקת את מימיה וכקנקנה זפותה שמשמרת את יינה ‎ Rv. schaltet hier folgendes ein: הוי כערוגה שמחזקת את מימיה וכקנקן זפותה‎ חכמים :Rv (7 — .שמשמרת את יינה וכספוג שסופג את הכל ומנקה את הכל‎ st. הזקנים. — 8) Cn: והטה st. והט. — 9) ibid. fehlt: את. — 10) V: לדבריהם st. דבריהם. — 11) Rv. fehlt: והקשב לדברי חברך; Rv: והט אזנך לדבריהם את דבריהם st. — 12) sic: V; Rv: ואל תבהל. — 13) H. u. C. fehlt: על; V: את st. על. — 14) Rv. u. H: בענין על דבר; Rv: כעננים; H: כעננים; C: דברים. — 15) V: בעניני. — דבריהם;‎ 16) V: על דבר ראשון הוי משיב ראשון ועל דבר אחרון הוי משיב אחרון‎ Rv. hat nur die erste Hälfte; Cn. hat folgendes: על ראשון השב ראשון והוי משתדל על‎ דבריהם להשיב על ראשון ראשון ועל אחרון אחרון. — 17) Rv: ואל תהי מדבר. — 18) V: לפני שהוא גדול ממך. —

a) Aboth II, 17 hat: כל מעשיך. — b) Aboth I, 3 hat: ויהי מורא שמים עליכם. — c) Ed: לכל st. על כל. — d) ibid: והקשב אזנך. — e) ibid: ותהי מחשב דברים בענין cf. Rch. — f) cf. Cap. VII. —

---

*) Bei der Ausübung der Gebote kommt es auf die Weihe der Gesinnung an. —

Willst du dich des Thorastudiums befleissigen, so sage nicht von dem, das du nicht vernommen hast: „Ich habe es bereits gehört." Fragt man dich etwas, dessen du nicht kundig bist, so stehe nicht an zu sagen: „Ich weiss es nicht." Wurdest du über etwas belehrt, und es blieb dir unklar, so schäme dich nicht zu sagen: „Trage es mir noch einmal vor", und lass die Eigenliebe*) dich nicht verleiten zu sagen: „Ich habe es verstanden." Uebe die guten Handlungen um ihrer selbst willen und rede von ihnen in reiner Absicht; mache sie nicht zur Krone, dich damit zu schmücken und nicht zum Beil, damit zu spalten.**)

אם אתה חפץ ללמד תורה a) אל תאמר על מה שלא שמעת שמעתי 1) אם ישאלוך דבר שאי אתה 2) בקי בו b) אל תבוש לומר איני יודע ואם שנו c) לך ולא שמעת אל תבוש לומר שנו d) לי ואל 3) תשא פנים לעצמך לומר שמעתי 4) (e עשה דברים לשם פעולתם ודבר בהם בשמם 5) f) ואל תעשם כעטרה6) להתעטר 7) בהם וכקרדום לבקוע

---

1) Rv. schaltet hier ein: שמעתי לא לומר תבוש אל לך ישאלו אם. — 2) sic: H. u. Rv; V: ואין אתה; Cn: ואי אתה. — 3) C: אולי st. אל. — 4) V: לי לא שמעתי cf. unten Note e, Rv. fehlt von ואם שנו לך bis שמעתי. — 5) V. liest wie unser Text, nur steht: לדבר st. ודבר; Rv: בשמה . . . . לשם פעלם; Cn. hat nur: עשה דבריך לשם פעלם. — 6) Rv. liest: תעשה, welches Wort korrupt ist, st. תעשם und Cn: עטרה st. כעטרה; sonst beide wie unser Text. 7) V: להתגדל st. להתעטר. —

---

a) Ed: ללמד הפצת ואם; E. W: ללמוד עמך הפצו ואם; As: חפצו ואם שנה ibid. (d — .שנו st. שנית ibid. (c — .ואי אתה יודע בו :Ed (b — .ללמד. st. שנו. — e) ibid. לא שמעתי, was schon E. W. in שמעתי corrig.; As. hat: לשמים; cf. Rch. — f) Ed: לעצמך פנים תשא ואל st: וכו לומר תבוש ואל שמעתי st. בשמם; E. W: לשמם בהם ודבר פעלם לשם דברים עשה; As. wie E. W.; nur הדברים st. דברים und ולדבר st. ודבר. —

---

*) Wörtlich: die falsche Nachsicht gegen dich. **) Es sind die Worte des R. Eliaser ben Zadok (Nedar. 62a). —

Lerne, in Leiden die Lehren der Religion anzunehmen;*) begehre nicht nach Vergeltung für erlittene Unbill; denn es giebt eine genaue „Berechnung" und eine gerechte „Bezahlung", eine Verheissung und eine Bewährung.**) Liebe die Thora und ehre sie; liebe deine Nebenmenschen und ehre sie; liebe die Tugendhaften, Rechtschaffenen und die Zurechtweisung.

Wisse, dass zwischen heute und morgen in Bezug auf das Dein und Nichtdein ein Wandel sich vollziehen kann; kann das, was du heute besitzest, schon morgen aufhören, dir zu gehören, was soll dir denn fremder Besitz?

בו¹) a) למוד להיות מקבל עליך b) דברי תורה,²) בצער³) אל תהי מבקש עלבונך c) יש חשבון יפה ופרעון יפה⁴) d) יש הבטחה ויש אמת e) אהוב את התורה וכבדה f) אהוב את הבריות וכבדם g) אהוב את הצדיקים ואת המישרים ואת התוכחות. h)⁵)

דע מה שבין היום למחר בין שלך בין שאינו שלך את שבידך היום למחר אינו שלך ושאינו שלך למה יהא שלך

---

¹) sic: Rv; V: בו לאכל בכקרדום ולא; H: בו לכרות וכקרדום :Cn ולא. ²) Cn: — כקרדום להתוך בו. את כל דברי תורה :V: כל דברי תורה. ³) sic: Rv. nur: מצער st. בצער. — ⁴) V. u. Cn: חשבון יפה ופרק טוב; Rv. hat: הוי אוהב את התורה והוי מכבד. ⁵) sic: Rv; V: אל תבקש עלבונך חשבון יפה ופרע יפה. — את התורה הוי אוהב את הצדקות והוי אוהב את התוכחות הוי אוהב את המישרים

a) Ed: לאכול st. לבקוע; E. W: לבקוע; beide haben noch den Zusatz: ולא עשה דברים לפועלם ודבר בהם לשמם אל תעשם; Nedar. 62a: כמרא להפר בהן אל תעשם — Aboth IV, 5 hat: עטרה להתגדל בהן ואל תעשם קרדום להיות עודר בו. Ed liest: למוד להיות מקבל עליך Für b) — . עטרה להתגדל בהם ולא קרדום לחפור בהם. c) Aboth d. R. N. C. 41: הוי למוד לקבל את הצער והוי מוחל על קבל עליך. — d) As.: חשבון יפה ופרע טוב; Ed: חשבון יפה ופרק; cf. Aboth IV, 6. — e) עלבונך. — f) Ed: ומכבד. — . חשבון יפה ופרק טוב הבטחתך תהי אמתי :.W .E (e. — .טוב. g) Ed. fehlt von אהוב bis וכבדם. — h) Ed: וכבדה st. ובכבדה; cf. Cap I, S. 4. — אהוב את הצדקות ואת התוכחות ואת המישרים ואל תדנוף אחר הכבוד ואל תגיס דעתך בהוראה; Aboth VI, 6 hat: אהוב את הצדקות אוהב את המישרים אוהב את התיכחות. — . ומתרחק מן הכבוד ולא מגיס לבו בתלמודו ואינו שמח בהוראה

*) Denn sie nur vermögen, dir Trost und Ruhe zu verschaffen, cf. auch Aboth. VI, 4: כך היא דרכה וכו' — wonach unsere Stelle dann einen andern Sinn hätte. — **) cf. Koh. 3,15.

Wer sich aneignet, was ihm nicht gehört, von dem sagt die Schrift: „Wehe dem, der sein Gut mehret mit fremden Gut." (Hab. 2,6.)

Gewöhne dich, Gutes zu erweisen, sei duldsam und liebreich gegen Jedermann, herablassend und sanft im Reden. Zeige dich gegen den grossen Mann dienstfertig und gefällig gegen die Jugend;*) strebe nach Gutem, und ertrage geduldig des Lebens Beschwerde (wörtlich: sei breiter Schulter).

והעושה את שאינו שלו [לו] עליו הכתוב אומר הוי המרבה לא לו. (1 (a

הוי (b (2 למוד להיות גומל בטובה עלוב ואהוב לכל ושפל רוח (c ולשון רכה (3 הוי קל לראש ונוח לתשחורת (d שוחר טוב (4 (e ורווח כתף. (5 (f

---

¹) Rv: ודע מן היום ומן למחר בין שלך ובין שאינו שלך כי את שלך הוא הוא; V: ודע שבין היום ומחר שהוא שלך שאינו שלך; לך ושאין שלך למה הוא לך. — ²) sic: Rv; V: למוד להיות גמור בטוב. — ³) H. u. C. erg. hier noch: שהוא לך למה הוא לך. und dann ושפל רוח בפני כל אדם :Rv; ולאנשי ביתך יותר מכלם; folgt daselbst: הוי כנוד בקוע שאין נפתח להכנים את הרוח וכאסקופה התחתונה שהכל דשין בה. סוחר טוב :Rv; ורחב כתף; H: ורווח כסף; C: (⁴ — .ותואר טוב :V (⁵ — .ורחב כסף

ª) Ed: דע שמן היום למחר בין שהוא שלך בין שאינו שלך את שלך אינו שלך; E. W. setzt ואת שאינו שלך למה הוא לך והיה שלך עליו הכתוב אומר הוי וכו' hinter אינו שלך noch בין שאינו שלך. Das ganze Stück ist in den HSS. wie in der Ed. unverständlich, unser Text ist Rch. entlehnt und scheint der correcteste zu sein. — ᵇ) Ed: גומר בטוב st. גומל בטובה. — ᶜ) Ed. hat hinter ושפל רוח noch: מפני כל אדם הוי כנוד שאינו בקוע וכפתח שאינו נפתח להכנים את הרוח. — ᵈ) Ebenso: Aboth III, 12. — ᵉ) Rch: הוי וכאיסקופה התחתון שהכל דשין בו — .סוחר טוב ורווח כתף. — ᶠ) Ed: גומר בטוב ומשלם טוב ושוחר טוב ומבקש טוב.

---

*) תשחורת vom Stw. שחר welches im hebr. „schwarz" bedeutet; hier jem., dessen Haare schwarz sind, also Jüngling. Im syr. bedeutet שחר aber auch erwärmen und kann auch hiervon „Jugend" abgeleitet werden.

Halte dich fern von jeder Gelegenheit zur Sünde; schrick zurück selbst vor einer geringen Uebertretung, auf dass sie dich zu keiner grösseren verleite. Sei eifrig in Erfüllung auch des geringfügigsten Religionsgebotes; denn dies führt dich zur Ausübung eines wichtigen Gebotes.

Die Ehre deines Nächsten sei dir werth wie die deinige, halte jedermann in Ehren und sprich nicht: ich werde dem einen schmeicheln, damit er mich speise, einem andern, damit er mir zu trinken gebe, einem dritten, damit er mich kleide und einem vierten, damit er mich bedecke. Besser ists, du gelangest selbst zur beschämenden Erkenntnis (eines Unrechts), als dass dich andere erst beschämen müssen. Nicht mögen dir deine Lippen Beschämung verursachen,

הרחק מן המביא לידי עבירה 1) (a
הוי נרתע מחטא הקל שמא יביאך
לידי חמור 2) (b הוי רץ למצוה קלה
שהיא תביאך לחמורה. 3) (c

יהי 4) כבוד חברך חביב עליך
כשלך 5) (d הוי מיקר 6) את כל
האדם ואל תאמר אחניף (e לזה
שיאכלני ולזה שישקני ולזה שילבשני
ולזה שיכסני 7) מוטב תבוש
מעצמך ואל תבייש מידי
אחרים 8) ולא יכלימוך שפתיך 9)

---

1) Cn: העבירה מן רחק. — 2) ibid. לחמור יביאך שמא. . . — 3) ibid. הוי הרחק מן המביא לידי חטא ומן הדומה לו Rv: זהיר במצוה קלה שתביאך לידי חמורה הוי נע ונד מחטא הקל שמא יבא לידי חטא המור הוי רץ למצוה קלה שמביאין לידי חמורה; unser Text ist V. entlehnt. — 4) Rv. hat vor יהי noch: דר חביבך יהי אתה. — 5) ibid. fehlt: בשלך; für diesen ganzen Passus liest V. חביבך יהי מראיתך; bei Cn. findet sich ebenfalls dieser Passus, dann unser Text und noch die Worte: בשלך עליך חביב חברך ממון יהי. — 6) Cn: מכבד הוי. — 7) Rv. hat nur: ויכסני לזה ואחניף וילבשני אחניף תאמר אל; V. u. Cn. wiederholen jedesmal: לזה אחניף. — 8) Von מוטב bis אחרים fehlt bei Cn. — 9) sic: Cn.; V: שפתיך יביישוך ואל. —

a) cf. Cap. I, S. 5. — b) Ed: חמור לחטא יביאך שלא. — c) ibid. קלה. . . שמא st. שהיא; E. W. liest wie Ed.; nur ובודה מן העבירה יצמא תביאך לחמורה; Naumburg corrig. die in der Ed. eingeschalt. Worte העבירה מן ובודה in ובודה הוי רץ למצוה קלה בחמורה ובודה מן החמורה שמצוה hat Aboth VI, 2 מן העבירה קלה; cf. das. II, 1. — d) Ganz so: Aboth II, 10. — גוררת מצוה ועבירה גוררת עבירה; e) E. W: אהנה st. אחניף. —

nicht Verachtung dein Mund, nicht Geringschätzung deine Zunge, nicht Schande deine Zähne und nicht Erniedrigung deine Worte.*)

ואל יבוך a) פיך1) ואל יקלונך2) לשונך ואל יבישוך3) שיניך4) ואל תשתחוה5) b) לדבריך6). c)

Willst du die Liebe deines Freundes gewinnen, so fördere sein Wohl, und willst du der Sünde fern bleiben, so überdenke und erwäge die Folgen; finde Wohlgefallen an den Geboten und weile freudig forschend an ihren Pforten.

אם חפץ אתה להדבק באהבת חברך7) הוי נושא ונותן בטובתו ואם אתה רוצה8) להתרחק מן החטא צא וחשוב9) ועיין בסופו10) חשוק נפשך במצות שנן ורנן בפתחיה.11) d)

Hast du viel Gutes gethan, so sei es in deinen Augen ein Weniges und sprich: „Nicht von dem meinigen habe ich gespendet, sondern von dem Gute, das mir durch andere geworden" — und erkenne, dass du darob dem

אם הטיבות הרבה יהיה בעיניך מעט ואמור לא משלי הטיבותי אלא ממה שהיטיבו לי אחרים12) e) וצריך

---

¹) sic: Cn.; V: ואל יבוך פיך. — ²) V. u. Cn. יקללך st. יקלונך. — ³) V: יכלימך st. יבישך. — ⁴) sic: Cn; für שיניך lesen H. u. C: שפתיך. — ⁵) sic: V; H. u. C: תשמע st. תשתחוה. — ⁶) Rv: תישטף לדברך; sonst ganz so wie unser Text; Cn: תתפתה לחברך st. תשתחוה לדבריך. — ⁷) V: אדם st. חברך. — ⁸) Rv. u. V: חפץ st. רוצה. — ⁹) V. schaltet hier ein: ודע. — ¹⁰) Rv: הוי מחשב. — ¹¹) Rv: ותחשק עצמך במצות ושנן ורנן בפתחיה. — ¹²) sic: Rv; V: מועט st. מעט; ibid. ואל תאמר st. ואמור. — Cn: הטבת st. הטיבותי; V. u. Cn. fehlt אחרים. —

---

a) Ed. Dyhernfurth 1788 liest: כבוך st. יבוך. — b) And. LAA: תשבה und ואל יבישך שיניך ואל יבוך פיך ואל יקללך לשונך. — c) Ed: שכן ורבץ. — d) sic: Ed.; Lipschütz: ואל יכלימך שפתיך ואל תשתחוה לדבריך st. שנן ורנן; E. W. u. As.: בפרטיה st. בפתחיה. — e) Ed: אלא שהיטיב לך Naumburg, E. W. u. As.: אלא ממה שהטיבו לי. —

---

*) Wörtlich: bücke dich nicht vor deinen eigenen Worten.

Himmel Dank schuldest. Aber eine geringe Wohlthat, die man dir erwiesen, sei dir ein Grosses. — Sprich nicht: „Wegen meiner wohlgeziemenden Handlungen ergeht es mir gut", sondern: „Meiner unlöblichen Handlungen wegen ergeht's mir (hienieden) gut;" denn so heisst es: „Und er bezahlet seinen Feinden sogleich, um sie zu Grunde zu richten."*) (Deutr. 7,10). Ein geringes Unrecht, das du gethan, erscheine dir gross, dass du sprechest: „Wehe ich habe gesündigt, wehe durch mich geschah eine Sünde." So man dir viel Leid's gethan, halte es für ein Geringes und sprich:

אתה ריתן הודאה לשמים[1]) [a] ואם היטיבוך מעט יהיה בעיניך הרבה ואל תאמר לא בשביל מעשי המהוגנים[2]) [b] הטיבו לי אלא בשביל מעשי שאינם מהוגנים[3]) [c] הטיבו לי[4]) שנאמר ומשלם לשנאיו אל פניו להאבידו ואם הרעות מעט יהיה בעיניך הרבה ואמור אוי לי כי חטאתי[5]) אוי לי[6]) שבא[d] מכשול[7]) על ידי ואם הרעוך הרבה יהיה בעיניך מעט ואמור מעט מחובי

---

[1]) V: . . . הודאה לשמים שוכך לכן Cn: . . ; הודאה שספנוך והיטיבו לך. — לשמים bis וצריך Rv. fehlt von: . . ; הודאה לשמים שוכך להטיב וייטיבו לך H: — [2]) V: . . שאינם מהוגנין st. שאין הגונין[3] — .מהוגנים st. ההגונין u. C: שהן הגונין — [4] C: אמור לא ממעשיך המהוגנים Rv:. . ; שאינם מהוגנים שמא ה״י הטיבו לי — [5]) V. u. Cn: כי חטאתי st. שהטאתי. — [6]) Das zweite אוי לי fehlt bei Rv. u. Cn. — [7]) V. Rv. u. Cn: דבר מכשול. —

[a]) Rch: אם הטיבות לאחרים הרבה יהיה בעיניך מעט ואל תאמר משלי הטיבותי; . . . — [b]) Ed: לך אלא משל שמים הטיבו לו ולי בשביל מעשיו ההגונים. — [c]) Ed: . . . המגונים und Ed. Wilna 1872 הטובים liest Rch. המהוגנים für מעשי . . . Ed. Wilna 1872: שאינן הגונין E. W: בשביל מעשיו ההגונים; . . . — [d]) Ed: שבא st. שבא כי בא; [e]) Aboth d. R. N. C. 41: אם עשית לחברך ההגונים. — רע קימעא יהא בעיניך הרבה ואם עשית לחברך טובה הרבה יהא בעיניך מעט ואם עשה לך חברך טובה קימעא יהא בעיניך הרבה ואם עשה לך רעה רבה יהא בעיניך קימעא. —

---

*) Nur die Frevler erhalten im Diesseits den Lohn ihrer etwaigen guten Werke, um sie im Jenseits von demselben ganz auszuschliessen, cf. Raschi z. St. (Deutr. 7,10) u. Erubin 22a.

„Nur wenig habe ich für meine Schuld gebüsst; ich hätte eine grössere Strafe verdient."

Capitel III.

Prüfe deine Worte, ehe sie deinem Munde entfahren; bringe deine Thaten in Einklang mit der allgemeinen Sitte und lenke deine Schritte zu verdienstvollen Handlungen. Anerkenne stets die göttliche Gerechtigkeit und enthalte dich des Murrens.

Beurteile deinen Nächsten nach der guten Seite und lasse ihm gegenüber nicht sinken die Schale der Schuld.

Hasse nicht den, der dich zurechtweist und halte dich für gering in deinen eigenen Augen. Freue dich mit deinem Anteil und habe Genuss

ננביתי[1]) a) והלא יותר מכן הייתי ראוי.[2]) b)

פרק ג.

הוי : ן את דבריך עד שתוציאם[3]) c) מפיך c) וחשוב מעשיך לדרך ארץ ותן שכר לפ‍ ‍ותך והצדק לעולם[4]) עליך את ה‍ ‍ין והוצא[5]) עצמך מן התרעומות.[6])

הוי דן את חברך[d]) לכף זכות e) ואל תכריעהו לכף חובה.[f])

אל תשנא[7]) את המוכיחך הוי קטן בעיני נפשך[8]) g) שש בחלקך ונאה[h])

---

[1]) sic: Rv; V: במעט ; . . . H: במעט להובותי נגביתי C: במעט מהובתי נגביתי. — [2]) V: כמעט מהובותי הגבתי Cn: מהובותי נגביתי Rv: והלא הרבה מכן הייתי שווה. — [3]) Rv: עד שלא תוציאם Cn: והלא הרבה מכך הייתי שווה ; V: עד שלא יצא. — [4]) Rv. fehlt. — [5]) V: להוציא. — [6]) Rv: מכלל. — [7]) אל תסני u. H: ואהוב hat Cn: אל תשנא ‍ für. — מן התרעומות st. תרעומות [8]) für בעיני נפשך hat H: בעיניך und Cn: בעיני עצמך.

---

a) Für ננביתי liest Rch: פרעתי u. And: ננפתי ; Ed: כמעט ננביתי; — b) Rch: הוי דן את כל ; — c) Ed: ויתר מזה אני ראוי מפיך שיצא עד דעתן תן) Aboth. I, 6:[d]) — e) Ebenso: Schewuoth 30a. — הוי דן את הברן st. האדם — f) Aboth. VI, 6: ומכריעו לכף זכות. — g) Ed. fehlt הוי קטן בעיני נפשך. — h) Ed: והתנאה.

von deiner geringen Habe. Alsdann wird dein Loos ewig gesegnet sein, dein Auge zufrieden und dein Herz genügsam sein.

במיעוטך¹) ויהי חלקך מבורך לעולם עין טובה ונפש שבעה.²)

Gewöhne deine Zunge zu sprechen: „Ich weiss es nicht," damit du dich nicht in Lügen verstrickest und ertappt werdest.

למוד לשונך³) לומר איני יודע שמא תתבדה ותאחז.ᵃ)

Wirst du lässig in einem Gebote, so wirst du es auch bald in einem andern sein; ebenso: verachtest du ein Gebot, so wirst du auch bald ein anderes geringschätzen; ebenso: übertrittst du freiwillig die Vorschriften der Thora, so wirst du endlich dazu geführt werden, sie mit deinem Willen und wider deinen Willen zu übertreten*), und dein Leiden ist verdienstlos.**)

אם התרפית במצוה אחת סופך ᵇ) להתרפות במצוה ᶜ) אחרת⁴) כיוצא בה(⁵ ᵈ) אם הקלת במצוה אחת⁶)(ᵉ סופך להקל באחרת⁷) כיוצא בה אם עברת על דברי תורה ברצונך לסוף מעבירין אותך בין ברצונך בין שלא ברצונך ואין לך שכר בצערך.⁸)(ᶠ

---

¹) sic: V. u. Cn; Rv. fehlt: במיעוטך; C: ונאה במעשיך; H: ונאה והתנאה. — ²) für שבעה lesen Rv. u. Cn: השובה und V: הסוכה. — ³) Cn: ילמדך. — במעשיך. ⁴) Bei V. steht st. רפית התרפית und fehlt das zweite במצוה; der Text ist nach Rv. — ⁵) sic: Rv; V. hat וכן כיצא בה und verbindet diese Worte mit במצוה אחרת; C. liest: וכן כיצא בזה, leitet aber damit das folgende ein. — ⁶) Für אחת . . . . . אם hat V: אם הקלת את פניך להקל במצוה אחת und C: אם הקרת נפשך להקל מן מצוה זה :Rv. — ⁷) אם הקלת עצמך להקל במצוה אחת לסוף שתקל במצוה אחרת. — ⁸) sic: Rv; V. fehlt לסוף und beide Mal: בין; die Worte: ואין לך שכר בצערך setzen V. u C. hinter באחרת . . . . אם הקלת.

ᵃ) Berachoth 4a hat ebenso. ᵇ) Ed. אם רפית. — ᶜ) ibid. fehlt במצוה. — ᵈ) ibid. וכן כיצא בה, was Naumburg in כיצא בה corrig; E. W. liest wie Naumburg u. verb. es wie Ed. mit במצוה אחרת. — ᵉ) Ed. אם הקלות פומך להקל. — ᶠ) Ed: ואין לך בצערך; E. W. streicht אם הקלת מצוה אהת st. מצה אחת diese Worte. —

*) „Eine Sünde ziehet die andere nach sich." (Aboth IV, 2) **) Vielleicht wäre rathsam statt שָׂכָר zu lesen שֶׂכֶר s. v. a.: Schleuse, Damm, Grenze cf. Jes. 19,10 und zu übersetzen: dein Leiden (Vorwurf und Selbstanklage) ist grenzenlos.

Eignest du dir fremdes Gut an, so wird auch dir das deinige genommen werden.*)

Sei vorsichtig sowohl beim Entrichten als Genusse der Heiligtümer.**)

Sei geduldig und liebenswürdig, wenn du deinen Bekannten antwortest,***) herablassend gegen jedermann und gegen deine Hausgenossen noch mehr als gegen Fremde. Lebst du aber in Unfrieden und Hader mit deinen Hausgenossen, so ist dein Loos Höllenpein.

Der Gelübde Anfang ist eine Pforte zur Thorheit, der Unreinheit Anfang eine Pforte zum Götzendienste, der Anfang eines leichtfertigen Umganges mit Frauen eine Pforte zum Ehebruch.

Hast du eine Bürgschaft geleistet, so hast du dich verbürgt, für sie einzustehen,

אם נטלת את שאינו שלך אף (a שלך יטלו ממך.1)

הוי זהיר בקדשים בין בנתינתן ובין באכילתן.

הוי עלוב ואהוב להשיב ליודעך ושפל רוח בפני כל אדם2) ולאנשי ביתך יותר מכל3) b) ואם תתרעם ותלחם עם ביתך4) c) סופך לגיהנם.5)

תחלת נדרים פתח לאולת תחלת טומאות פתח לעבודת כוכבים ומזלות תחלת קלות ראש בנשים פתח לניאוף.

אם ערבת ערבת על מנת לשלם

---

1) sic: H. C. u. Cn; bei V. u. Rv. fehlt אף. — 2) V: עלוב ואהוב לכל אדם. st. אדם .... וישפל. -- 3) V. u. Rv: יותר מכל אדם. — 4) Rv. fehlt עם ביתך. — 5) Bei V. u. Cn. fehlt von ואם bis לגיהנם. —

---

a) Ed. fehlt אף. — b) ibid. מכל אדם. — c) Nach der in Ed. in Paranthese gesetzten LA; E. W: הוי עלוב ואהוב לכל אדם ולאנשי ביתך יותר מכל. —

---

*) Die Talmudlehrer betonen oft die „gerechte Vergeltung." cf. Sota 9 b.
) Zum besseren Verständniss cf. u. a. Deutr. 26,14. *) cf. Prov. 15,1.

wenn du ein Darlehn gewährt hast, so geschah es in der Absicht, solches zurückzufordern; entnahmst du ein Darlehn, so thatst du es in der Absicht, dasselbe zurückzuzahlen. Beeile dich die Rechnung zu prüfen und dieselbe abzuschliessen.

Wer einen guten Namen erwirbt, erwirbt ihn für sich, wer sich Kenntnis in der Thora aneignet, erwirbt sich Glückseligkeit im ewigen Leben.

Ein Allzublöder kann nicht lernen, ein Jähzorniger nicht lehren, ein Unwissender*) nicht wahrhaft fromm, ein Ungebildeter nicht sündenscheu sein, und wer sich zu sehr dem Handel zuwendet, wird nicht weise. Widme dich dem Thorastudium mehr als dem Handel.

ואם הלוית הלוית על מנת לתבוע¹⁾
ואם לוית לוית על מנת לפרוע
הוי ממהר לחשב ולהפסיק את
החשבון.²⁾ ⁽ᵇ⁾

קנה שם טוב קנה לעצמו קנה לו
דברי תורה.³⁾ קנה לו חיי העולם
הבא.⁴⁾ ⁽ᶜ⁾

אין הביישן למד ואין הקפדן מלמד
אין עם הארץ חסיד⁵⁾ ואין בור ירא
חטא ולא כל המרבה בסחורה
מחכים⁶⁾ ⁽ᵈ⁾ ושים עצמך ולבך
בתורה יותר מכל סחורה.⁷⁾

---

¹⁾ V: קנה. — ⁽ᵃ⁾ ‎ — ‎והוי מחשב להפסיק את החשבון. — ²⁾sic: C; V: שלא לתבוע. — ³⁾ C: תלמוד תורה. — ⁴⁾ Rv. fehlt von קנה לו bis העולם הבא. — ⁵⁾ V: פרוש st. חסיד. — ⁶⁾ V. u. Cn. הכם st. מחכים. — ⁷⁾ Von ושים bis סחורה, welche Worte Rv. entlehnt sind, fehlen bei V. u. Cn. —

ᵃ⁾ Ed. ואם לוית וכו׳ vor ואם הלוית וכו׳; Naumburg hat wie unser Text: הוי מחשב להשבון להפסיק את. — ᵇ⁾ Ed: ואם לוית וכו׳ vor ואם הלוית וכו׳; E. W: הוי מחשב להפסיק; Naumburg: הוי מחשב תשובה להפסיק את החשבון ‎— ‎החשבון. — ᶜ⁾ Aboth II, 7 hat ganz so. — ᵈ⁾ Aboth II, 5 hat eine andere Reihenfolge: אין בור ירא חטא ולא עם הארץ חסיד ולא הביישן למד ולא הקפדן מלמד ולא כל המרבה בסחורה מחכים. —

---

*) „Unwissender" — בור — eine rabb. Bezeichnung für einen Ignoranten, welche von der „leeren Cisterne" hergenommen ist; der Ausdr. דברי בורות Nidda 70a bedeutet ebenfalls „leeres Geschwätz."

Fünfzehn gute Eigenschaften sind bei Gelehrten angegeben und folgende sind es: Er kommt und geht mit Anmut, sitzt*) mit Anstand, vereint Klugheit mit Gottesfurcht,**) Umsicht mit Wissen, bekundet Scharfsinn in seinem Wandel, sammelt Kenntnisse und bewahrt sie im Gedächtnis, ist ausführlich im Antworten, hält sich häufig bei Weisen und sucht oft das Lehrhaus auf, fragt und antwortet zur Sache,***) antwortet, nachdem er gehört, und weiss jedem Abschnitte ein Neues hinzuzufügen, sucht den Weisen auf und lernt, um zu lehren und danach zu handeln.†)

המש עשרה מדות נאמרו בתלמיד חכם ואלו הן נאה בביאתו,¹) נאה ביציאתו,²) ᵃ) הסיד בישיבתו, חכם בדעת, ערום ביראה,ᵇ) פקח בדרכיו⁴) כונס וזכרן, מרבה להשיב, מרבה לשמש,⁵) מרבה בישיבה, שואל כענין ומשיב כהלכה⁶) שומע ומשיב,⁷) ומוסיף ᵇ) על כל פרק דבר,⁸) הולך אצל חכם, ולומד על מנת ללמד ועל מנת לעשות. ᶜ)

---

¹) ערום ביראת :H — ᵃ) — ¹) נאה כביתו. — ²) נאה ביציאתו. Rv. u. V. fehlt — ⁴) ערום ביראה פקח בדעת חכם בדרכיו :V — ⁵) — H: מרבה להשיב ומשמש. הכמים מרבה בישיבה מרבה להשיב :C. u. V — ⁶) הכמים ומטה אזנו לשמוע דברי חכמים שואל ומשיב שומע — ⁷) שומע ומשיב V. fehlt. — ⁸) Rv. u. V: ומרבה לשמש. — ומוסיף ;Rv: דבר פרק כל על ומשיב :H משיב על כל פרק הלכה.

ᵃ) Ed. fehlen die Worte: נאה ביציאתו, welche E. W. aber einschaltet. — ᵇ) Naumburg liest: ומשיב st. ומוסיף. — ᶜ) Ed: נאה בביאתו הסיד ..... בישיבתו ערום בידאה פקח בדעת חכם בדרכיו כונס וזכרן מרבה להשיב שואל כענין ומשיב כהלכה ומוסיף על כל פרק ופרק דבר הולך אצל חכם ולמד על מנת ללמד ועל מנת לעשות. —

---

*) ישיבה kann hier auch in der Bedeutung von „Academie" genommen werden; zu übersetzen wäre dann: „gerecht in der Academie" d. h. den Schülern gegenüber. Uebrigens kommt auch הסיד in Verbindung mit נאה vor, wie z. B. כלה נאה וחסודה. — **) Beide vereinigt empfiehlt Abaje (Berachot 17a). — ***) cf. Cap. I, Seite 1. †) Der Gelehrte muss in allen Lebensverhältnissen ein Vorbild sein.

— 22 —

Sei nicht wie die obere Thürschwelle, zu der Niemand reichen kann; nicht wie die mittlere, an welcher die Menschen oft ihre Füsse verwunden, sondern sei wie die Unterschwelle, auf die alle treten; denn so das Gebäude einstürzt, bleibt sie ja unversehrt auf ihrem Orte.*)

אל תהא כמשקוף העליון שאין יד בני אדם יכולה לינע בה ולא כאסקופה האמצעית שמננפת הרגלים¹) ⁽ᵃ⁾ אלא הוי כאסקופה התחתונה שהכל דשין בה²) ᵇ⁾ לסוף כל הבנין נסתר³) והיא במקומה עומדת.

Capitel IV.

Anständig betragen sich Gelehrte in Gesellschaft, nicht aber Unwissende. Sich mit der Thora (allein) beschäftigen, ist kein bedingungsloses Verdienst,**) mit der Mischnah: ein Verdienst, durch welches man göttliche Belohnung erhält,***)

פרק ד.

תלמידי חכמים נאים בחבורה ואין עמי הארץ נאים בחבורה חעוסק במקרא⁴) מדה ואינה⁵) ⁽ᶜ⁾ מדה משנה מדה⁶) שנוטלין ⁽ᵈ⁾ עליה שכר

---

¹) V: שכל יושב st. כאמצעית ולא הרגלים את שמננעת העליונה כאסקופה תהי אל — אל תהי כאיסקופה העליונה שמננפת את הרגלים Rv: עליה זעף וסופה להסתר — ²) V. u. Rv: שרוב עליח שיושב האמצעית כאיסקופה ולא להסתר שסופה. — ³) Rv: שכל בית נסתר. — שהכל דשין בה st. בני אדם דורסין אותה. — ⁴) V: במקרא בתורה Rv; במקוה במצוה. — ⁵) V: שאינה st. ואינה. — ⁶) Rv. fehlt hier מדה. —

ᵃ) Ed. wie V. u. Rv. nur dass daselbst שממנעת את הרגלים u. על יושב שכל ידו steht. — ᵇ) Ed. wie Rv; E. W: את שמחבלת העליונה כאסקופה תהא אל הפנים ולא באמצעית שמננפת את הרגלים אלא היה כאסקופה התחתונה שרוב בני אדם אותה דורסין. — ᶜ) Ed. wie Jer. Sabbath C. 16: שאינה st. ואינה, was E. W. in ואינה corrig., welche letztere LA. Baba-mezia 33a u. Sofrim C. 15, Hal. 5 haben. — ᵈ) Für שנוטלין hat Baba-mezia 33a: ונוטלין und Sofrim C. 15, Hal. 5: שמקבלין. —

*) cf. Cap. I, Seite 2. **) Wörtlich: eine Eigenschaft, die keine ist d. h. etwas Unvollkommenes, da ihm die mündlich überlieferte Gesetzlehre, die für das Verständnis der Bibel unentbehrlich ist, ganz abgeht. ***) Denn die Decisoren der Mischnah vereinigen die „schriftliche" und „mündliche" Lehre in sich.

— 23 —

| mit dem Talmud: es giebt kein grösseres als dieses.*) Immerhin eile zur Mischnah eher als zum Talmud.**) | תלמוד¹) ᵃ) אין לך מדה גדולה מזו ולעולם הוי רץ למשנה ᵇ) יותר מן התלמוד²) (ᶜ |

Erteile den Unterricht in der Thora ohne Entgelt, und lass dich dafür nicht belohnen, denn man darf sich für ihren Unterricht nicht lohnen lassen; denn Gott selbst gab sie (die Thora) uns ohne Entgelt.***) — Thust du es dennoch, siehe, du zerstörst die Welt des Glaubens. Sprich nicht: „Ich besitze nichts"; ist doch Gott der Besitzer aller Güter, wie es heisst: „Mein ist das Silber, mein das Gold — ist der Spruch des Ewigen." (Hag. 2,8.)

עשה תורתך חנם ואל תטול שכר עליה שאין נוטלין שכר על דברי תורה³) שהקב"ה⁴) נתנה חנם ואם נטלת שכר על דברי תורה נמצאת מחריב את כל העולם כולו ואל תאמר אין לי ממון שכל הממון שלי הוא⁵) ᵈ) שנאמר לי הכסף ולי הזהב נאום ה' צבאות.⁶)

¹) Rv. erg. hier הלומד. — ²) V. fehlt von ולעולם bis התלמוד. — ³) V. fehlt von ואל bis תורה. — ⁴) Rv: שהמקום st. שהקב״ה. — ⁵) Rv: שכל ממון st. שלי ... H. hat hier: אלא התקין לבעלים שאין לך אלא דברי תורה בלבד אל תצטרך לקופה שמא תעשה תורתי הנם ואם נצרכת לקופה מכיר עצמך שנאמר לעבודה שהיא זרה ממך ואל תצטרך לבריות. — ⁶) Rv. u V. fehlt von צבאות bis. —

ᵃ) Für תלמוד hat Sofrim C. 15. Hal. 5: העוסק בהש״ס u. Jer. Sabb. העוסק בתלמוד. — ᵇ) Jer. Sabb. hat אחר המשנה st. למשנה. — ᶜ) Sofrim C. 15, Hal. 6 hat הש״ס st. התלמוד. — ᵈ) sic: Ed. —

*) Der Talmud giebt die Deductionsweise u. die Normen an, vermittelst welcher das mündliche Gesetz aus dem schriftl. entstanden ist. **) Aus Besorgnis, die Mischnah, die Grundlage des Talmuds, könnte durch diesen verdrängt werden, hat der Redacteur desselben R. Jehudah h. ihre Pflege besonders empfohlen; cf. Raschi zu Baba-merzia 33a. ***) Der Talmud erklärt die Schriftstelle: „Siehe, ich lehre euch Gesetze u. Rechte, wie der Ewige sie mir befohlen" (Deutr. 4,5) folgendermassen: „wie ich, Gott, ohne Entgelt lehre, so lehre auch du ohne Entgelt." (Nedar. 37a).

Spendest du von dem Deinen,*) so gelangest du zu Besitz,**) und bist du zu Vermögen gekommen, so spende von demselben.***) So lange es in deiner Hand ruht, erwirb dir durch dasselbe ein Diesseits und Jenseits. Bist du aber nicht wohlthätig, so wird es dir plötzlich entschwinden; denn das Geld hat Flügel und enteilt in die Lüfte, wie es heisst: „Dein Auge blicket darauf und es ist nicht mehr; denn Flügel wird er sich machen, wie ein Adler gen Himmel fliegen." (Prov. 23,5).

Sprich nicht: jener ist reich und ich nicht; denn nicht jedermann wird zweier Tische****) teilhaftig; sprich auch nicht: jener ist schön, ich aber bin hässlich;

אם עשית צדקה תוכה לממון 1) (a
ואם זכית לממון עשה ממנו צדקה
בעוד שהוא בידך קנה ממנו העולם
הזה b) והעולם הבא 2) ואם c) אין אתה
עושה ממנו צדקה יעוף פתאום 3) (d
שכנפים יש לו ובשמים פורח 4)
שנאמר התעיף עיניך בו ואיננו 5) כי
עשה יעשה לו כנפים כנשר יעוף
השמים. 6) (c

אל תאמר איש פלוני עשיר
ואני עני f) שאין כל 7) אדם g)
זוכה לשתי שולחנות 8) אל תאמר
איש פלוני נאה ואני מכוער

---

[1]) V. u. Rv. fehlt von אם bis לממון. — [2]) V: אם זכית בממון עשה ממנו עד; Rv. ואם זכית לממון; שהוא בידך קנה ממנו העולם הזה והנחיל ממנו העולם הבא. — [3]) Rv. u. V. fehlt von ואם bis פתאום. — [4]) sic: Rv; V. hat כי כנפים st. שכנפים; H. שכנפים יש לו ממון ולשמים הוא פורח. — [5]) V. hat hier: וגו; Rv. hat nur diese erste Hälfte des Verses. — [6]) H. hingegen hat die zweite Hälfte. — [7]) Rv. u. V. fehlt: כל; H. hat כל לך st. לך. — [8]) H. hat hier noch den Zusatz aus Aboth. II. Ende: ונאמן הוא בעל מלאכתך שישלם לך שכר פעולתך. —

a) sic: Ed. — b) ibid. schaltet hier ותנחול ein. — c) ibid. שאם, welches Wort E. W. in ואם corrig. — d) sic: Ed. — e) Von כי bis יעוף השמים fehlt in der Ed. — f) Ed: איני עשיר. — g) sic: Ed; Ber. 5b hat לא כל אדם. —

*) „צדקה" wird zwar jetzt nur in der Bedeutung von „Almosen" gebraucht; es heisst aber überhaupt: „Wohlthätigkeit", „Gerechthandeln" und „Rechtthun." — **) cf. Deutr. 15,10. — ***) Analog dem Wortspiel: עשר בשביל שתתעשר. — ****) Trop. Ausdr. für die Annehmlichkeiten im Dies- und Jenseits.

denn im Tode gleicht der Mensch einem toten*) Tiere und noch mehr: dies kann verwertet werden, während beim menschlichen Leichnam das nicht der Fall ist.**) Sage nicht: jener ist fromm, ich aber nicht; denn ihr beide müsst einst Rechenschaft ablegen; sprich ferner nicht: jener Mann ist weise; ich aber nicht; denn du hast dich nicht gleich ihm gemüht.***) Sprich endlich nicht: jener ist stark, ich aber bin schwach; denn wahre Stärke besteht in Kenntnis der Thora, wie es heisst: „Preiset den Ewigen, ihr seine Engel, gewaltige, kräftige Vollführer seines Wortes, gehorchend der Stimme seines Wortes." (Ps. 103,20).

שבשעת פטירתו של אדם חשוב כנבילה¹) ⁽ᵃ⁾ ולא עוד אלא שהנבילה מוכרה או נותנה בחנם ונבלת האדם אין כל בריה יכולה להשגיח עליה ᵇ⁾ אל תאמר איש פלוני צדיק ואני איני צדיק ששניכם עתידים ליתן את הדין²) אל תאמר איש פלוני חכם ואני איני חכם שלא שמשת כיוצא בו³) אל תאמר איש פלוני גבור ואני איני גבור ᶜ⁾ שאין גבורה אלא בתורה שנאמר ברכו ה' מלאכיו גבורי כח עושי דברו לשמוע בקול דברו.

---

¹) sic: Rv.; V: כנבילה השובים אתם מתתבם שבשעת. — ²) sic: Rv; bei V. fehlt dieser ganze Passus. — ³) sic: V; Rv: חכמים תלמידי שמשת שלא — die Worte: בו כיצא beziehen sich bei Rv. auf das folgende; der ganze Passus steht bei V. vor: עשיר פלוני איש תאמר אל. —

ᵃ⁾ Ed: כנבילה עושה אדם המיתה שבשעת, was E. W. in: נעשה אדם . . . . . . corrig. — ᵇ⁾ sic: Ed. Wilna 1872; in unserer Ed. ist dieser Passus ein wenig anders gehalten. — ᶜ⁾ Ed: חלש st. גבור איני. —

---

*) Wörtlich: „gefallenes Tier". — **) Wörtlich: auf den Leichnam des Menschen kann Niemand achten. — ***) Unter חכמים שמוש versteht man lediglich den persönlichen und praktischen Verkehr mit Weisen; cf. Ber. 47b, Sota 22a und S. 44, Erkl. *)

— 26 —

Diese meine Worte bewahre in deinem Herzen: wisse woher du gekommen, wohin du gehest und vor wem du Rechenschaft einst ablegen musst.*) Hänge deine Augen nicht an fremden Besitz; denn sie senken sich zur Erde; selbst wenn sie auf die Pforten des Himmels gerichtet sind.**) Merke mit deinen Ohren nicht auf eitle Reden; denn sie büssen eher als die übrigen Körperteile.***) Dein Mund verbreite nicht böse Gerüchte; denn auch er wird in erster Reihe gerichtet. Es möge bei dir keine Gewaltthätigkeit angetroffen werden;

דברים אלו יהיו על לבכך¹) דע מאין באת ולאן אתה הולך ולפני מי אתה עתיד ליתן דין וחשבון (ᵃ אל תתן עיניך בממון שאינו שלך שהן שוקעות בארץ אפילו אם הן בשערי רקיע²) (ᵇ אל תשמיע לאזניך (ᶜ דברים בטלים שהן נכוות תחלה לאברים³) אל יספר⁴) פיך לשון הרע שהוא נכנם תחלה לדין (ᵈ אל ימצא בידך דבר גזל⁵)

---

¹) sic: Rv; V: דברי אלה. — ²) V: שהן משקעות שערי הרקיע — Rv: שהם קודם V: ³) — . שהן משקעות עיני הרקיע — C: מאפילות אותך כאישון השך ואפילה איבריך st. תחלה לאברים — bei Rv. steht dieser Passus, der korrupt ist, vor: אל תתן עיניך בממון שאינה שלך וכי׳. — ⁴) Rv. hat: ידבר st. יספר. — ⁵) sic: H; Rv: דבר רע גזל. —

ᵃ) Ganz so: Aboth III, 1; Aboth d. R. Nathan und Rch. haben: ומי הוא ולפני מי אתה עתיד ליתן דין וחשבון st. דיינו und fügen als viertes hinzu: . . . . שהן :Ed, ומה עתיד להיות. — ᵇ) sic: Tane debe Eliahu s. C. 16, Ed: שהן — . אל תתן עיניך בממון שאינו שלך שהוא מאפיל LA: and. — משקעות שערי הרקיע אל תשמיע לאזנך ואל תתן אזנך לשמוע :Ed (ᶜ — . אותך כאישן לילה ואפילה Ketuboth 5b hat: וכי׳ לאוזניו אדם ישמיע אל . — ᵈ) Ed: לדון st. לדין. —

---

*) Der Gedanke an die Vergänglichkeit mässigt den Menschen in seinen Leidenschaften. **) Zieren den Menschen auch noch so gute Eigenschaften — er wird ein Opfer der Niedrigkeit, wenn Neid in ihm eine Stätte findet. — ***) d. h. im Jenseits; cf. Raschi zu der Parellelstelle im Tr. Ketub. 5b.

denn alle deine Gliedmassen werden wider dich zeugen, wenn du zur ewigen Ruh'*) eingegangen sein wirst. Es mögen dich deine Füsse nicht zur Sünde führen; es möchte dich sonst frühzeitiger Tod ereilen.

Fürchte das irdische Gericht, obgleich deine Zeugen bestechlich sind; fürchte aber noch mehr das göttliche Gericht; denn oben zeugen wider dich wahre Zeugen, und nicht nur das, sondern dort verkündet man dir unausgesetzt: „So du meine Gebote freudig geübt, kommen meine Engelsscharen dir zum Grusse entgegen; auch ich**) selbst komme dir entgegen und rufe dir zu: Dein Kommen sei in Frieden."

שכל אבריך מעידין בך בבית[1] עולמך [a] אל יקדמוך רגליך לדבר עבירה שמא[2] יקדמך מלאך המות.

הוי מתיירא מבית דין של מטה אף על פי שעדיך אוהבי ממון הם כל שכן מבית דין של מעלה שעדים ברורים מעידים בך למעלה[3] [b] ולא עוד אלא שמכריזין עליך[4] [c] בכל שעה ושעה[5] אם עשית דברי בשמחה פמליא שלי תבא לשחרך[6] ואף אני בעצמי אצא לקראתך ואומר לך בואך בשלום.[7] [d]

---

[1] Rv: ואל תירא מבית st. בבית לבית. — [2] Rv: שלא st. שמא. — [3] Rv: דין של מטה שאוהבי ממון הם אלא הוי מתירא מב״ד של מעלה יש לך עדים למעלה. — [4] R. schaltet hier מריבה ein. — [5] Rv: מריבה st. לקראתך. — [6] Rv: לשחרך st. על ידם. — [7] Rv: לשלום בואך.

---

[a] Ed. u. As: ואל ימצא בידך לשון הרע לא דבר רע ולא דבר גזל שכל אבריך אל תתירא מב״ד של. — [b] Ed: איבריו של אדם מעידים בו. — Taanith 11a: יעידו בך מטה שהרי עדיך אוהבי ממון הם אלא היה מתירא מב״ד של מעלה שהיו מעידין לך למעלה. — E. W. corrig. die Worte: שיהיו מעידין לך למעלה in שעדים מעידים בך למעלה. — and. LA. למעלה. — [c] Ed. schaltet שהרי יש לך עדים שיהיו מעידין לך למעלה. — למעלה auch מריבה ein. — [d] Dieses Stück ist in den HSS., sowie in der Ed. korrumpiert; unser Text ist Rch. entlehnt.

---

*) בית עולם heisst wörtlich: „ewiges Haus"; cf. Koheleth 12,5; später bezeichnete man damit einen Begräbnisplatz (Stätte der Ewigkeit). **) Gott.

Deine Augen, die du nicht auf fremdes Gut gerichtet hast, werden leuchten in tiefster Finsternis, wie es heisst: „Leuchten wird dein Licht in der Finsternis, und dein Dunkel hellen wie Mittagshelle." (Jes. 58,10); deine Ohren, mit denen du nicht gemerkt auf eitle Reden, werden dich Frieden vernehmen lassen im Diesseits und ihn noch hören lassen im Jenseits, wie es heisst: „Und deine Ohren werden vernehmen das Wort hinter dir her, also: dies ist der Weg, wandelt auf ihm, ob ihr rechts, ob ihr links euch wendet." (Jes. 30,21). Dein Mund, der nicht lügnerische Reden gesprochen und sich gemüht mit den Lehren der Thora, wird gewürdigt werden, das Lob Gottes am jüngsten Tage zu verkünden, und es werden durch ihn gesegnet werden all die Segenswerten. Deine Hände, die du vor Raub bewahrt, und die du nicht verschlossen, Almosen zu spenden, was können die Söhne des Unrechts dir thun? und all' die Gewaltthätigen?

עיניך שלא נתת בממון שאינו שלך יאירו לך באישון חושך ואפילה שנאמר וזרח בחושך אורך ואפילתך כצהרים אזניך שלא שמעת בהן דברים בטילים הם יקשיבו לך שלום בעולם ויאזינו לחיי העולם הבא¹) שנאמר ואזניך תשמענה דבר מאחריך לאמור זה הדרך לכו בה כי תאמינו וכי תשמאילו ᵃ) פיך שלא דבר לשון הרע ועמל בדברי תורה יזכה לספר בשבחו של מקום בתחית המתים ויתברכו בו כל בעלי ברכהᵇ²) ידיך שלא נמצאו בהן דבר גזל ולא קפצת מן הצדקה מה יעשו לך כל בני עולה וכל בעלי זרוע³)

---

¹) Rv: פיך שלא ספר לשון V: — .הן יאוינו לך לעולם הזה ולעולם הבא ²) הרע עליו יהרנו כל בעלי הדוגים פיך שעסק בתורה עליו יתברבו כל בעלי ידיך ששמרת מגזל מה יעשו לך כל בני עולה ידיך שלא קפצת V: ³) — .ברוכים ידיך שלא נמצא בהם דבר גזל Rv: — מן הצדקה מה יעשו לך כל בעלי כסף וזהב פיך שלא וכו' — wo dieser Passus vor: מה יעשו לך כל בני עולה steht. —

ᵃ) sic: Ed. — ᵇ) ibid. wie V.; E. W. corrig. das Wort: הרונים (cf. oben Note 2), das auch Ed. hat, in מריבה. —

Deine Füsse, die dich zur Sünde nicht haben eilen lassen, was kann der Todesengel dir anhaben? Diese Worte habe ich dir vorgeführt, und nun thue, was du willst; sage aber nicht: man hat dich nicht vermahnt.

רגליך שלא קדמוך לדבר עבירה מה יעשה לך.¹) מלאך המות דברים אלה הרציתי לפניך²) מה שתרצה עשה שלא³) תאמר לא התרו בך.⁴) ⁽ᵃ⁾

Capitel V.

Der Gelehrte esse nicht stehend, trinke nicht stehend, esse nicht die Schüssel rein ab, lecke nicht an seinen Fingern und rülpse*) nicht in Gegenwart seiner Genossen, sei zurückhaltend im Reden und Scherzen, halte Mass im Schlafen, im Jagen nach Vergnügungen, im Bejahen und Verneinen.

פרק ה.

מי שהוא תלמיד חכם לא יאכל מעומד ולא ישתה מעומד⁵) ולא יקנח את הקערה ⁶) ולא ילקק באצבעותיו⁶) ולא יגסה בפני חברו מיעוט שיחה מיעוט שחוק מיעוט שינה⁷) מיעוט תענוג ⁽ᶜ⁾ מיעוט הן הן מיעוט⁸) לאו.

---

¹) Rv. hat: ולא ישלטו בך st. מה יעשה לך. — ²) V. fehlt: לפניך. — Rv: בך. — ⁴) Rv. fehlt: בך. — שלא st. שמא Rv: ³) — .הרציתי לפניך st. יהו על לבבך
⁵) Bei Rv. folgt hier: ולא ישתין מעומד. — ⁶) V. hat: באצבעותיו st. בשפתותיו. —
⁷) ibid. hat: מיעוט שינה vor מיעוט שחוק. — ⁸) ibid. fehlt: מיעוט. —

ᵃ) Ed: דברי אלה התרית לפניך ומה שתרצה תעשה ולא תאמר לא — cf. ולא ישתה מעומד ולא יקנח את הקערה. — ᵇ) Ed fehlt: התרו בי Rch. — ᶜ) Aboth VI, 7 hat: במיעוט סחורה במיעוט דרך ארץ במיעוט תענוג במיעוט שינה במיעוט שיחה במיעוט שחוק. —

---

*) נסה kann hier nicht in seiner gewöhnlichen Bedeutung „gross" genommen werden, sondern in der des arab. „aufstossen machen" und syr. „sich erbrechen"; cf. Dozy s. v. u. Aruch, Ed. Kohut. II, 326. Vielleicht könnte man נסה hier in der Bedeutung von נסה אכילה auffassen, und der Sinn wäre dann, dass man keine grossen Bissen in den Mund nehmen soll. —

Der Mensch achte stets darauf, in wessen Nähe er weilet, mit wem zusammen er speiset, mit wem er redet und mit wem zusammen er seine Urkunden unterterzeichnet.

An vier Dingen erkennt man die sittliche Beschaffenheit des Gelehrten: in Geldangelegenheiten, beim Gelage, im Zorne und an seiner Tracht; einige (Talmudlehrer) meinen: auch an seiner Redeweise.*)

Der Gelehrsamkeit Schmuck ist Weisheit,**) der Weisheit Schmuck: Demut, der Demut Schmuck: Gottesfurcht, der Gottesfurcht Schmuck: „Ausübung der göttlichen Gebote"; die Zierde des letzteren ist ein stiller, bescheidener Wandel.***)

לעולם¹) יהא אדם יודע אצל מי הוא יושב ואצל מי הוא עומד²) ואצל מי הוא מיסב ואצל מי הוא מסיח ואצל מי הוא חותם שטרותיו. ³) (a

בארבעה דברים תלמיד חכם ניכר בכיסו בכוסו בכעסו ובעטיפתו ויש אומרים אף בדבורו. (b

הדר תורה חכמה הדר חכמה ענוה הדר ענוה יראה הדר יראה מצוה הדר מצוה צניעות.⁴) (c

---

¹) Vor לעולם stehen bei Rv. die Worte: המשה הן. — ²) ibid. fehlt von לעולם . . . אצל bis עומד. — ³) sic: Ed; V. hat: אצל מי הוא עומד אצל מי הוא יושב אצל מי הוא אוכל אצל מי הוא שותה אצל מי הוא מיסב ואצל מי הוא הדר תורה הכמה הדר חכמה יראה הדר יראה ענוה. — ⁴) sic: Rv; V: חותם שטרותיו. הדר ענוה מצוה מצות צניעות. —

---

a) sic: Ed; Sanhed. 23 a heisst es: תניא כך היו נקיי הדעת שבירושלים עושין לא היו חותמין על השטר אלא אם כן היו יודעים מי יושב עמהם ולא היו נכנסין בשלושה hat: Erubin 65 b (b — .בסעודה אלא אם כן יודעים מי מיסב עמהם בשחק׳. c) sic: Ed. u. As. — דברים אדם נכר בכיסו ובכעסו ואמרי ליה אף

*) Es sind dies die besten Kennzeichen des menschlichen Charakters, indem der Mensch hierin sich so zeigt, wie er ist. — **) Vielleicht wäre hiervon die Bezeichnung תלמיד חכם für einen Thorabeflissenen herzuleiten. — ***) cf. Micha 6,8. u. S. 36 Absatz 1 Ende. Eines ohne das andere ist unvollkommen.

Acht Lehren sind es: man wache nicht unter den Schlafenden und schlafe nicht unter den Wachenden, weine nicht unter den Fröhlichen, und sei nicht fröhlich inmitten Weinender; man sitze nicht, wenn andere stehen, stehe nicht, wenn andere sitzen; unter Mischnahbeflissenen studiere man nicht die Bibel, wie man sich nicht im Kreise von Bibelforschern mit der Mischnah beschäftigen soll — mit einem Worte: „Man weiche von der Sitte der Umgebung nicht ab."*)

שמונה דברים הם¹) לא יהא אדם²) ער בין הישנים ולא יהא ᵃ) ישן בין הערים ולא בוכה בין השוחקים ולא שוחק בין הבוכים ולא יושב בין העומדים ולא עומד בין היושבים ולא קורא בין השונים ולא שונה בין הקוראים כללו של דבר אל ישנה אדם ממנהג הבריות.³) ᵇ)

---

¹) sic: C; bei V. und Rv. fehlen diese Worte. — ²) Bei V. fehlt אדם. — ³) sic: V; Rv: מדעת הבריות. —

---

a) Ed. fehlt: יהא — welches Wort E. W. erg. — ᵇ) Derech-Erez r. Cap. VII hat: לא ישמה אדם בין הבוכים ולא יבכה בין השמחים ולא יהי ער בין הישנים ולא — .יושב בין העומדים כללו של דבר אל ישנה אדם מדעת חביריו ובני אדם Baba-mezia 87a hat: לא ישנה אדם דעתו — Rch: לעולם אל ישנה אדם מן המנהג. מדעת בני אדם. —

---

*) Man nehme keine Sonderstellung ein; cf. Bereschit r. P. 48 u. Schemot r. P. 47; ebenso Jalkut Wajere § 82, ibid. Ekew § 852 u. a. m., wo es heisst: אזלת [עלת] לקרת הלך בנימוסה "Kommst du in eine Stadt, so richte dich nach ihren Sitten."

Capitel VI.

Viererlei ist des Gelehrten unwürdig: er halte sich nicht des Nachts unterwegs auf, gehe nicht parfümirt aus, sei nicht der Letzte von denen, die das Gotteshaus betreten und verweile nicht zu sehr in Gesellschaft von Unwissenden.*)

Beim Eintritte (in das Haus) gebührt dem Vornehmeren der Vortritt, beim Hinausgehen dem Geringeren; beim Hinaufsteigen der Treppe dem Vornehmern, beim Hinabsteigen derselben dem Geringern. In den Versammlungssaal trete zuerst der Vornehmere ein, in ein Gefängnis zuerst der Geringere.**) Beim Segensprechen hat der Vornehmere den Vorzug.***) Der Vorübergehende entbiete zuerst den Gruss dem Sitzenden.

פרק ו׳.

ארבעה (a דברים גנאי לתלמיד חכם (b לא יהא (c מחשיך בדרך ולא יצא לשוק מבושם (d ולא יכנס לבית הכנסת באחרונה ולא ירבה ישיבתו עם עמי הארץ.(1 (c

לכניסה הגדול קודם יציאה הקטן קודם לעלית הסולם הגדול קודם לירידה הקטן קודם לבית הועד הגדול קודם לבית הכלא הקטן קודם (2 לברכה הגדול קודם (3 והמהלך שואל בשלום היושב.

---

¹) sic: Rv. und V; nur hat letztere בכרך st. בדרך. — ²) Rv. fehlt von לברכה הגדול קודם bis לבית הועד. — ³) V. fehlt: לברכה הגדול קודם.

a) Berachoth 43b hat: ששה דברים גנאי לו לתלמיד חכם אל יצא כשהוא מבושם לשוק ועל יצא במנעלים המטולאים ואל יצא יחידי בלילה ואל יספר עם אשה בשוק ואל יכנס באחרונה לבית המדרש ואל יסב במסיבה של עמי הארץ ויש אומרים אל לתלמידים. — b) Ed: ... — יפסיע פסיע נסה ואל יהלך בקומה זקופה c) ibid. — ᵈ) ibid. hat: מבושם כשהוא יצא ולא. — ᵉ) ibid: schaltet hier: אדם ein. — בישיבתו של עמי הארץ . . .; cf. Aboth III, 10.

*) cf. Raschi zur Parallelstelle Ber. 43b. — **) „Wo es sich nm eine Würde handelt — lehren die Weisen — habe der Grosse den Vorzug, wo es sich dagegen um ein Unbedeutendes (wörtlich: Verderben) handelt, der Kleine".— בגדולה מתחילין מן הגדול ובקלקלה מתחילין מן הקטן. — cf. hierzu Berachoth 61a u. Bereschit r. P. 20. — ***) cf. Orach-Chajim §§ 167 und 201.

Man lehne sich nicht in Gegenwart eines Vornehmeren an; das Brod schneide man an der zugebackenen Seite an,*) und beim Genusse von Rettig und Zwiebel beginne man da, wo die Blätter haften. Ein Brod, von dem man abgebissen, lege man nicht auf den Tisch; trinkt man in Gegenwart anderer, so wende man sich seitwärts und trinke;**) man nippe***) nicht, leere (den Becher) auch nicht bis auf den Grund und sei kein Söffling.†) —

לא יהא אדם מיסב בפני מי שגדול ממנו¹) בא לפרוס על הככר ᵃ) פורס ממקום הצלי²ᵇ) ᵇ) ואם בא לאכל את הצנון ובצל אוכל ממקום העלין³) ᶜ) לא יהא נוטל ᵈ) את הככר ויתלוש בשיניו ᵉ) ויחזירהו על השלחן בא לשתות ברבים הופך פניו לצד אחר⁴) ושותה ƒ) לא יהא⁵) נוקרן⁶) ולא עומקן⁷) ולא גרגרן

---

¹) Bei Rv. ist dieser Passus mit dem Vorangehenden in Verb. gebracht; V. hat: לא מיסב בפני מי שהוא גדול. — ²) V. erg. hier: שיש בו לאכול. — ³) ibid: צנון ובצל אוכל ממקום העלין. — ⁴) V. fehlt: אחר. — ⁵) ibid. schaltet hier: אדם ein. — ⁶) ibid. u. Rv. lesen: נוקרן st. נוקדן. — ⁷) V: עוקמן st. עומקן. —

ᵃ) Ed: את הככר. — ᵇ) Sandedrin 102 b wird die Stelle am Brode, wo dieses angeschnitten werden soll, durch die Worte: מהיכא דקרים בישולא bezeichnet; cf. Orach-Chajim § 167,1. — ᶜ) Beza 25 b hat: לא יאכל אדם שום ובצל מראשו אלא מעלין cf. Orach-Chajim § 170,9. — ᵈ) Ed. u. As.: ולא יטול. — ᵉ) As.: בו st. בשיניו. — cf. Orach-Chajim § 170,10. — ƒ) cf. Bechoroth 44 b. —

---

*) Wohl aus ökonomischen Rücksichten. **) Durch Nichtbeobachtung dieser Lebensregeln wird der Anstand verletzt. — ***) נקר heisst „einkerben", im arabischen: „stechen" (von der Schlange), „Punkte machen" — bezeichnet also eine langsam und schrittweis vor sich gehende Handlung; hier bezeichnet es das langsame Trinken (Nippen). — †) גרגרן gebildet von גרגרת (Luft-Speiseröhre, Schlund, Gurgel), bezeichnet einen Schlemmer und ist analog dem hebr. זולל וסובא — cf. Targum O. zu Klagel. 1,11. — Prof. Levy übersetzt den Satz von לא וכו׳ bis גרגרן so: „Der Mensch soll nicht tadelsüchtig, nicht tückisch und nicht gierig sein." Dieser Uebersetzung nach bilden diese Worte eine Lehre für sich (cf. J. Levy, Neuhebr. und Chald. Wörterb. s. v.)

Man vergebe zugefügte Geringschätzung und suche keine Ehre in der Entwürdigung des Nebenmenschen.*)

Die Sünde beginnt mit sündlichen Gedanken; als zweites folgt: Spötterei, drittes: Hochmut, viertes: Härte, fünftes Müssiggang, sechstes: grundlose Feindschaft und als siebentes: Neid.**) Dies meinend sagte schon Salomo: „Wenn er seine Stimme noch so holdselig macht, glaube ihm nicht, denn es sind sieben Greuel in seinem Herzen." (Prov. 26,25.)

ומוותר על קלקלתו¹) ואינו מתכבד בקלון ᵃ) חברו. ᵇ)

תחלת עבירה הרהור הלב שניה לה לצנות שלישית לה גסות הרוח רביעית לה אכזריות חמישית לה הבטלה ששית לה שנאת חנם שביעית לה עין הרע הוא שאמר שלמה כי יחנן קולו אל תאמן בו כי שבע תועבות בלבו.²) (ᶜ

---

¹) C. hat: קללתי st. קלקלתו. — ²) sic: Rv.; V. fehlt: הלב — ibid: ליצוות st. ליצנות — ibid: גסות st. גסות הרוח. —

ᵃ) Ed: מקלון st. בקלון. — ᵇ) cf. Megilla 28a. — ᶜ) Ed. hat die Worte: כי שבע תועבות בלבו — nicht, auf welche es hier gerade ankommt. —

---

*) Als Nechunja b. Hakana nach dem Grunde des von ihm erreichten hohen Alters gefragt wurde, antwortete er: „Niemals suchte ich durch Zurücksetzung anderer mein Ansehen zu heben, und nie kam über meine Lagerstätte der Fluch meiner Genossen." (Meg. 28a.) **) Tr. Succa 22a hat folgendes ähnliche Bild: „Die Sünde gleicht anfangs dem Faden eines Spinngewebes, zuletzt aber einem Wagenstrange."

Capitel VII.

Sieben Eigenschaften sind Merkmale des Tölpels: er nimmt das Wort vor dem, der ihn übertrifft, fällt seinem Genossen in die Rede, ist voreilig im Antworten, er fragt nicht zur Sache und antwortet nicht angemessen; erwidert auf das Erste zuletzt und auf das Letzte zuerst; von dem, was er nicht gehört hat, behauptet er, gehört zu haben und gesteht nicht die Wahrheit ein.

Der Weise bewahre den Anstand beim Essen, Trinken, Baden, Salben, beim Anziehen der Sandalen, in seinem Gange, seiner Tracht, seiner Sprache,*) beim Räuspern**) nnd sei geräuschlos mit seinen guten Handlungen.***)

פרק ז׃

שבעה דברים בגולם מדבר בפני מי שגדול ממנו ונכנס לתוך דברי חברו ונבהל להשיב ושואל שלא כענין ומשיב שלא כהלכה ואומר על ראשון אחרון ועל אחרון ראשון ועל מה שלא שמע אומר שמעתי ואינו מודה על האמת.¹) (a

תלמיד חכם צריך שיהא צנוע באכילה ובשתיה וברחיצה²) ובסיכה (c ובנעילת הסנדל³) (b בהליכתו ובעטיפתו⁴) (d בקולו ברוקו (e ובמעשיו⁵) הטובים.

---

¹) sic: C; Rv: ושואל בענין — V: ושואל שלא כהלכה — ibid: ומשיב כענין —
ט"ו מדות אמרו בתלמיד חכם נאה בביאתו חסיד בישיבתו ערום :ibid. folgt hier noch
בדעת פיקח במעשיו מכיר את מקומו ושמח בחלקו ואינו מחזיק טובה לעצמו כונס ווזכרן
מרבה להשיב שואל ומשיב שומע ומוסיף על פרק דבר והולך אצל חכמים ולומד על מנת
לעשות. — ²) V. fehlt: וברחיצה. — ³) ibid. fehlt: ובנעילת הסנדל. — ⁴) ibid.
ובמעשיו st. ובמעשים :Rv (⁵ — .ובהליכתו vor: ובעטיפתו :steht

---

a) Ed. u. Aboth V, 7 haben: שבעה דברים בגולם ושבעה בחכם איני
מדבר בפני מי שגדול ממנו בחכמה ובמנין ואינו נכנס לתוך דברי חבירו ואינו נבהל
להשיב שואל כענין ומשיב כהלכה ואומר על ראשון ראשון ועל אחרון אחרון ועל מה
שלא שמע אומר לא שמעתי ומודה על האמת וחילופיהן בגולם cf. Aboth de
R. Nathan C. 37. — ᵇ) cf. Sabbath 61 a und Orach-Chajim § 2. — ᶜ) cf. Taanith 10 b. — ᵈ) cf. Sabbath 113 a u. Chullin 84 a. — ᵉ) cf. Derech-Erez r. C. X. —

---

*) cf. Koheleth 9,17. **) Anstand u. Keuschheit sollen die Richtschnur unseres Lebens bilden. ***) cf. Micha 6,8 u. Erkl.*** S. 30.

Wie eine Braut, so lange sie im väterlichen Hause weilt, zurückgezogen lebt, und, sobald sie es verlässt, an die Oeffentlichkeit tritt, gleichsam sprechend: „Wer gegen mich zeugen kann, der komme und lege Zeugnis ab"; ebenso soll der Gelehrte im Stillen wirken, und durch seine löbliche Handlungen bekannt sein.

Man suche die Wahrheit und nicht die Lüge, strebe nach Ehrlichkeit und nicht nach unrechtem Gute, nach Demut und nicht nach Hochmut, nach Frieden und nicht nach Hader, befolge den Rath der Alten und nicht den der Jungen;*) man begebe sich eher in die Gewalt eines Löwen, als in die eines Weibes.**)

מה כלה זו כל זמן שהיא בבית אביה¹) מצנעת עצמה וכשהיא יוצאת מפרסמת עצמה ואומרת כל מי שיודע בי²) עדות יבוא ויעיד³) כך תלמיד חכם צריך שיהא צנוע במעשיו ומפורסם בדרכיו הנאים⁴.(ᵃ

רדוף אחר האמת ולא אחר השקר אחר האמונה ולא אחר הגזל אחר הענוה ולא אחר הגסות⁵) אחר השלום ולא אחר המחלוקת ᵇ) אחר עצת הזקנים ולא אחר עצת הילדים⁶) אחר הארי ולא אחר האשה. (ᶜ

---

¹) V. hat: המיה st. אביה. — ²) Rv. fehlt בי — für welches Wort V: לי hat. — ³) V: ויעיד עלי. — ⁴) V: במעשיו הטובים st. בדרכיו הנאים. — C. צנוע בכל. אחר הענוה ולא אחר. — ⁵) V. fehlt: מעשיו ומפורסם במעשיו הטובים הנאים. — ⁶) ibid. fehlt: אהר עצת הזקנים ולא אחר עצת הילדים. — הנסות.

ᵃ) Exod. r. P. 41 hat: מה כלה זו כל שהיא בבית אביה מצנעת עצמה ואין אדם מכירה וכשבא ליכנס להופתה היא מגלה פניה כלומר כל מי שהוא יודע לי עדות יבוא ויעיד עלי כך תלמיד חכם צריך להיות צנוע ככלה הזו ומפורסם במעשים הטובים — Rch. hat: מה כלה זו כל הימים שהי בבית אביה מצנעת עצמה ואין אדם מכירה באתה ליכנס להופתה היא מגלה פניה כלומר כל מי שיודע לי עדות יבוא ויעיד עלי כך תלמיד חכם צריך להיות צנוע ככלה ומפורסם במעשים טובים ככלה שהיא מפרסמת עצמה As. u. Ed. fehlt: הנאים. — ᵇ) Ed: המלחמה st. המחלוקת. — ᶜ) Berach. 61a: אחורי ארי ולא אחורי אשה אחורי אשה ולא אחורי עבודת כוכבים אחורי עבודת כוכבים ולא אחורי בית הכנסת — cf. auch ibid. 43a.

*) Ein altes rabb. Sprichwort sagt: „Das Einreissen der Alten ist Aufbauen, das Aufbauen der Jungen aber Einreissen". (Megilla 31b); cf. auch I. Reg. 12,6 ff. **) Die Gefahr, der man durch Unsittlichkeit ausgesetzt ist, ist viel grösser als diejenige, die man beim Begegnen eines Raubthieres läuft.

Worin besteht Ehrenbezeugung? Speis' und Trank gewähren, für Kleid und Schuh sorgen, in sein Haus aufnehmen und das Geleite geben, es handle sich um seinen eigenen Vater, seinen Lehrer oder um jeden andern Weisen. Worin Ehrfurcht? Ihren Platz nicht einnehmen, an ihrer Stelle nicht sprechen und ihnen nicht widersprechen.

R. Chija lehrte: „Schweigsamkeit ziert den Klugen, geschweige den Thor." Aehnlich liess sich auch Salomo aus: „Auch der Thor, wenn er schweigt, gilt für einen Weisen" — (Prov. 17,28); selbstverständlich gilt dies auch vom Weisen.

איזהו כבוד¹) a) מאכיל ומשקה מלביש ומנעיל מכנים ומוציא אחד האב b) ואחד הרב ואחד החכם²) c) ואיזהו מורא³) d) לא ישב ולא ידבר במקומו ולא סותר את דבריו e)

תני⁴) ר' חייא יפה f) שתיקה לחכמים קל וחומר לטפשים g) וכך אמר שלמה גם אויל מחריש⁵) חכם יחשב ואין צריך לומר חכם מחריש.⁶)

---

¹) sic: C. V: איזה הוא כיבוד — Rv: איזהו הוא המכובד. — ²) sic: V; Rv: איזהו כבוד vor ואיזהו מורא. — Rv: ³) sic: C. V. hat: אחד חבר ואחד הרב. — ⁴) C. hat: אמר st. תני. — ⁵) V. hat hier: ונו. — ואיזהו הוא המכשר. — ⁶) sic: Rv. —

---

a) Ed. u. As.: איזהו מכבד. — E. W: מכבד את מכבד את החכמים איזהו. — d) Ed. u. As.: הכמים. — b) Ed. fehlt: האב. — c) As. hat: אחד האב ואחד החכם. — איזהו מורא ואיזהו כבוד מורא ואיזהו וזמכזה. — e) Kidduschin 31b hat: לא עומד במקומו ולא יושב במקומו ולא פותר את דבריו ולא מכריעו כבוד מאכיל ומוציא מכנים ומכסה ומנעיל מלביש ושתיקה. — f) Aboth de R. Nathan C. II hat vor: יפה die Worte: אם לחכמים. — g) Ebenso: Pesachim 99a und Jer. Pesachim.

Capitel VIII.

Sei biegsam wie Schilf, das der Wind nach jeder Richtung hin bewegt; denn die Thora erhält sich nur bei dem, der demütigen Geistes ist. Warum wird die Thora mit dem Wasser verglichen? um zu lehren: wie es in der Natur des Wassers liegt, niemals in seinem Laufe Höhepunkte, sondern Niederungen zu suchen, ebenso erhält sich die Thora nur bei dem, der demütigen Geistes ist.

Meide das Hässliche jeder Art und strebe nach dem Wohlgefälligen jeder Art, und hüte dich vor selbstsüchtigen Rathgebern.

פרק ח.

הוי רך כקנה שהרוח מנשבת[1] (a) בו לכל צד שירצה[2] (b) שאין התורה מתקיימת אלא במי שרוחו נמוכה עליו (c) ולמה נמשלה תורה למים לומר לך מה המים הללו אין דרכן להלוך למקום גבוה אלא למקום נמוך[3] כך אין התורה מתקיימת[4] אלא במי שרוחו נמוכה עליו. (d)

הרחק מן הכיעור ומן הדומה לו[5] (e) וקרב לדבר המתקבל ולכל הדומה לו[6] והוי זהיר מהיועצך[7] (f) לפי דרכו.

---

[1]) Rv: נושבת st. מנשבת. — [2]) sic: C; für: שירצה liest Rv: אשר תרצה und V: שתרצה. — [3]) sic: V; Rv. hat: מה דרכן של מים הללו אין הולכין למקום גבוה אלא במקום נמוך. — [4]) V. hat: שרה st. מתקיימת. — [5]) V. hat: מי שהוא יועץ st. לו לביעור. — [6]) ibid. fehlt der ganze Passus. — [7]) ibid.: מהיועצך st. —

---

a) Ed. wie Rv: נושבת. — b) ibid.: לכל רוח שתרצה. — Taanith 20a: אין דברי תורה. — c) Berach. 63b: לעולם יהי אדם רך כקנה ולא יהי קשה כארז. — Sota 21b: אין דברי תורה מתקיימין אלא במי שממית עצמו עליה. — d) Taanith 7a hat: מה מים מניכין מקום גבוה והולך. — שמעמיד עצמו ערום. — cf. Erubin 55a. — למקום נמוך אף דברי תורה אין מתקיימין אלא במי שדעתו שפילה. — e) cf. Cap. I. — f) Sanhedr. 76b und Jalkut Kedoschim § 616 haben: ממי שהוא יועץ st. מהיועצך. —

Wer Kränkungen verzeiht,*) dem werden alle Vergehungen vergeben, wie es heisst: „Wer ist ein Gott wie du? der Missethat vergiebt und den Abfall übersieht." (Micha 7,18). Wem vergiebt er? dem, der Kränkungen verzeiht.

Wer sich um der Worte der Gesetzlehre willen erniedrigt (abmüht), der wird später durch sie hochgestellt, wie es heisst: „Wenn du dich erniedrigst, wirst du durch sie erhoben."**) (Prov. 30,32) d. h. wenn du dich wegen der Thora erniedrigest, wirst du durch sie erhoben.***) Wer über die „Lehre" nachgrübelt, dem werden seine Kenntnisse erweitert, wie es heisst: „Gieb dem Weisen und er wird noch weiser." (Prov. 9,9).

כל המעביר על מדותיו מעבירין לו על כל פשעיו שנאמר מי אל כמוך נושא עון ועובר על פשע ᵃ) למי נושא עון למי שעובר על פשעיו.¹ ᵇ)

כל המתנבל ᶜ) על דברי תורה ᵈ) סופו להתנשא בהם ᵉ) שנאמר אם נבלת בהתנשא³) אם נבלת עצמך בדברי תורה בהתנשא(³) ᶠ) כל המתחכם ᵍ) בדברי תורה מוסיפין לו חכמה על חכמתו⁴) ʰ) שנאמר תן לחכם ויחכם עוד.⁵)

---

¹) V. fehlt von למי bis פשעיו. — ²) sic: V. u. Rv. — ³) sic: C; Rv. hat hierfür: אם נבלת עצמך בהתנשא — V. fehlt der ganze Passus. — ⁴) Rv. hat: חכמה על חכמה. — ⁵) sic: V. —

ᵃ) E. W. citiert die Schriftstelle bis auf die Worte: מי אל כמוך. — ᵇ) E. W. hat: למי עובר על פשע למי שנושא עון — Rosch-haschana 7a und Megilla 28a haben die ganze Stelle; cf. auch Joma 23a. — ᶜ) Berachot 63b hat: כל המנבל עצמו — cf. Jalkut Prov. § 529. — ᵈ) Ed: בדברי תורה. — ᵉ) ibid: בה. — ᶠ) sic: E. W. — ᵍ) Für: כל המתחכם liest Ed: שכל המתנבל u. E. W: כל המגביה עצמו על דברי — ʰ) Aboth de R. Nathan C. XI. hat: וכל המבקש תורה סוף שמשפילין אותו וכל המשפיל עצמו על דברי תורה סוף שמנביהן אותו — Jalkut Prov. § 529 hat: אם ראית חכם שמתחכם בתורה מוסיפין לו תורה על תורתו וחכמה על חכמתו — cf. Jalkut zu Dan. 2,21. —

*) Wörtlich: wer seine Eigenschaften übersieht; oder: wer seine angeborene Natur (seinen Zorn) überwindet; der Ggs. ist: עומד על מדותיו. — **) cf. Raschi zu Berachoth 63b, wo dies auf einen wissbegierigen Schüler bezogen wird, der trotz der Verhöhnung seiner Mitschüler — Fragen an seinen Lehrer richtet und später infolge seiner Gelehrsamkeit zu Ehren gelangt. ***) בהתנשא muss בה תנשא gelesen werden. — כל המתנבל וכו׳ kann auch übers. werden: wer sich wegen der Worte der Worte der Thora hässlich macht (d. h. seine Unkenntnis eingesteht, um zu lernen), der wird später hochgesellt werden. etc.

So lange der Mensch sündigt, hat er die Menschen zu fürchten; hält er sich frei von Sünden, haben die Menschen Furcht vor ihm.	כל זמן¹) שאדם חוטא מורא הבריות עליו²) וכל זמן שאין אדם חוטא מוראו על הבריות.³) ᵃ)
Wer auch nur eine Satzung der Thora geringschätzt, verdient die Strafe der Ausrottung; denn so heisst es: „Denn das Wort des Ewigen hat er verhöhnt und sein Gebot gebrochen, ausgerottet werde dieselbe Person." (Num. 15,31).	כל המזלזל⁴) בדבר אחד⁵) מן התורה חייב כרת⁶) שנאמר כי דבר ה׳ בזה⁷) ואת מצותו הפר⁸) הכרת תכרת וגו׳. ᵇ)
Wer das Händewaschen geringschätzt, wird aus der Welt gerissen.*)	כל המזלזל בנטילת ידים נעקר מן העולם.

---

¹) Rv: כל ימי. — ²) ibid: עליו מורא הבריות. — ³) Bei V. steht dieser Passus vor: כל זמן שאדם. — ⁴) Rv: כל המבטל. — ⁵) V: כל המזלזל אות אחת. — ⁶) C: חייב מיתה. — ⁷) Bei V. steht hier וני״ו und dann folgt der Zusatz: ומה עונה בה מלמד שהנפש מוכרתת ועונה עמה. — ⁸) Rv citiert die Schriftstelle bis: הפר. — Da es sich aber um eine Belegstelle für die „Strafe der Ausrottung" handelt, so kommt es auf die Worte: הכרת תכרת an. —

ᵃ) sic: Ed. — ᵇ) Ed. fehlen auch die Worte: ואת מצותו הפר וכו׳ — cf. oben Note 8.

) In der Ed., in Rv., sowie in den HSS. lautet dieser Passus: כל תלמיד הכם האוכל לפני האורה וכו׳ und steht erst später vor: שמזלזל בנטילת ידים הרי זה מנונה (s. S. 41 Abs. 2). — Ich habe denselben mit E. W. (cf. Ed. 1872) hierher transp. und lese wie er nach Sota 4b. Der Ort, sowie diese Lesart scheinen mir die richtigsten zu sein; cf hierzu S. 41 Erkl. Uebrigens kann es sich nur um das rituell vorgeschriebene Händewaschen vor dem Essen handeln; cf. Orach-Ohajim § 158,9.

כל מי [a]) שאין לו בושת פנים במהרה הוא חוטא שנאמר הכרת פניהם ענתה בם וכל מי שיש לו [b]) בושת פנים לא במהרה הוא חוטא שנאמר ובעבור תהיה יראתו על פניכם לבלתי תחטאו[c]).

Wer des Schamgefühls bar ist, sündigt leicht; denn so heisst es: „Die Züge ihres Angesichts zeugen gegen sie" (Jes. 3,9); wer es aber besitzt, sündigt nicht so leicht, wie die Schrift sagt: „Auf dass seine Furcht euch vor Augen sei, damit ihr vor Sünde bewahret bleibet." (Exod. 20,14).

האוכל לפני האורח מגונה ומגונה ממנו אורח מכנים אורח [d]) מגונה ממנו אוכל לפני תלמיד חכם אורח מטריח בעל הבית [e]) מגונה משלשתם ר' מאיר

Ungeziemend ist, eher als der Gast zu den Speisen zuzulangen, ungeziemender, wenn ein geladener Gast einen Ungeladenen mitbringt, noch ungeziemender, eher als ein anwesender Gelehrte zu den Speisen zuzulangen. Als Gast von dem Hausherrn Dienstleistungen verlangen, ist ungeziemender als die drei Dinge;*) nach R. Meier gilt

---

[1]) sic: Rv.; V. hat: שנאמר חוטא הוא במהרה לא בו בושת שיש מי כל Rv. — ובעבור וכו' וכל מי שאין בו בושת פנים במהרה הוא חוטא שנאמר ובעבור וכו' citiert die Schriftstelle nur bis פניכם. —

---

a) Ed. fehlt: מי. — b) Ed: וכל שיש לו. — c) Nedarim 20 a: ובעבור ההיה יראתו על פניכם זה בושה לבלתי תחטאו מלמד שהבושה מביאה לידי יראת חטא מכאן אמרו סימן יפה לאדם שיהא ביישן אחרים אומרים כל המתבייש לא במהרה הוא חוטא וכל שאין לו בשת פנים לא עמדו אבותיו על הר סיני. — d) cf. Baba bathra 98b. — e) Ed. hat: אורה st. בעל הבית. —

---

*) Ed., Rv. u. HSS. haben auch: משלשתן — zählen aber mehr als drei auf; nur in Ed. Wilna 1872, nach welcher unser Text ist, stimmt die LA. משלשתן mit der Zahl überein; cf. S. 40 Erkl. *)

dies auch von dem, der von seinem Teile dem Kinde des Hausherrn darreicht. Es trug sich zu, dass ein Vater deshalb sein Kind erschlagen hat.*)	אומר אף א) הנוטל מלפניו ונותן לבן בעל הבית מעשה היה והרג בעל הבית את בנו. ב)
Wer sich dem Dienste und dem Umgange mit einem Gelehrten widmet, erfasst leicht dessen Vortrag; wer ihn nicht erfasst, ist des Todes wert.**) R. Akiba erzählte, wie sein Verkehr mit Weisen begonnen habe.	כל המשמש תלמיד חכם מכוין שמועתו וכל שאינו מכוין שמועתו חייב מיתה ג) ס) אמר ר' עקיבא כך ד) היה תחלת שימושי 2) ה) לפני חכמים

---

¹) V. hat: כל המשפיל את עצמו מנביהין אותו וכל המגביה את עצמו משפילין אותו וכה״א זאת לא זאת השפלה הגבה והגבוה השפול העובר על דברי חכמים חיב — Rv: כל המשפיל עצמו מכוין את שמועתו ועובר על — מיתה וכל הפוסל פסול דברי חכמים חייב מיתה וכל הפוסל פסול. — ²) sic: V; Rv. hat: תשמישי st. שימושי. —

---

a) Ed. fehlt: אף — welches Wort auch Naumburg als hierher gehörig bezeichnet. — b) cf. Rch. Absch. III. — c) sic: E. W; Ed: כל המשפיל את עצמו מכוין את שמועתו וכל העובר על דברי חכמים חייב כרת וכל הפוסל פסול — also nur wenig abweichend von Rv. — d) Semachoth C. IV hat: זו st. כך. — e) Jer. Nasir. C. VII u. Ed. haben: תשמיש und Semachoth: זבותי st. שימושי. —

---

*) Tr. Chullin 94a wird berichtet: Während einer Hungersnot bewirtete jemand drei Gäste und hatte nur so viel, dass er ihnen zu essen geben konnte. Die Gäste gaben, als der Wirt sich entfernte, ihre Teile dem Kinde desselben. Als dieser das merkte, warf er das Kind zu Boden, so dass dessen Tod erfolgte, worauf die Mutter und er selbst sich entleibten; cf. auch Aboth de R. Nathan **) Hätte er für einen Umgang mit Weisen gesorgt, so wären ihm ihre Lehren nicht unverständlich geblieben; cf. S. 44 Erkl. *)

„Eines Tages", sagte er, „fand ich auf dem Wege eine unbestattete Leiche;*) ich trug sie etwa vier Mil weit, bis ich sie auf einem Begräbnisplatze zur Ruhe bestatten konnte. Als ich dies dem R. Elieser und dem R. Josua berichtete, sagten sie zu mir: „Jeder Schritt, den du gethan, wird dir gewissermassen wie eine Blutschuld angerechnet."**) Da

פעם אחת הייתי מהלך בדרך (a‏ ומצאתי מת מצוה (b‏ ונטפלתי בו (c‏ כארבע מילין (d‏ (1‏ עד שהבאתיו למקום בית הקברות (2‏ (e‏ וקברתיו וכשבאתי והרציתי את הדברים לפני ר׳ אליעזר (3‏ ור׳ יהושע (f‏ אמרו לי על כל פסיעה ופסיעה שפסעת בשבילו (4‏ מעלין עליך כאילו שפכת דם נקי (5‏ (g‏

---

¹) sic: Rv; V: והטפלתי בו בארבעה מילין. — ²) V: לבית הקבורה und Rv. אליעזר. st. אלעזר haben: V. u. Rv. ³) — .למקום בית הקברות st. למקום קברות
⁴) sic: V; Rv. fehlt: בשבילו. — ⁵) sic: Rv; V: כאילו היית שופך דמים נקיים. —

---

a) Für בדרך. פעם אחת hat Semachoth: השכמתי. — b) ibid: הרוג אחד st. מת מצוה. — c) ibid. ונטפלתי בו והייתי מטפל st. ונטפלתי בו. — d) Jer. Nasir: בארבעת מיל — Ed: בארבע מילין u. Semachoth: בני תהומי שבת für כארבע מילין. — e) Für: למקום הקברות u. Jer. Nasir: למקום קבורה hat Semachoth: בית הקברות. — f) Jer. Nasir: וכשבאתי אצל רבי אליעזר ור׳ יהושע אמרתי להם את הדבר Semachoth hat: רבי אליעזר ור׳ יהושע st. לפני חכמים. — g) Semachoth und Nasir haben: כאילו שפכת דמים — Ed: כאילו היית שופך דמים. —

---

*) d. h. eine aufgefundene Leiche; daher auch die Bezeichnung מת מצוה „die jedem gebotene Leichenbestattung" cf. Joreh Deah § 374. — **) R. Akiba hatte nämlich gegen die Vorschrift gehandelt, indem eine „aufgefundene Leiche" am Fundorte selbst begraben werden muss; cf. Baba-kama 81a; „Mil" ist eine Massbenennung des Wegemass-Systems und ist = zweitausend hebr. Ellen = viertausend Fuss.

erwiderte ich jenen: „Wenn ich schon in der Absicht, das Rechte zu thun, mich so sehr verschuldet habe, wie vielmehr muss dies bei Handlungen der Fall sein, die der frommen Absicht ermangeln." Seitdem habe ich nicht aufgehört, den Umgang mit Weisen zu pflegen." Er pflegte zu sagen: „Wer keinen Umgang mit Gelehrten hat, verdient das Leben nicht."*)

אמרתי להם ᵃ) ומה בשעה שנתכוונתי לזכות נתחייבתי כרשע¹) ᵇ) בשעה שלא נתכוונתי לזכות ᵉ) על אחת כמה וכמה²) ᵈ) מאותה שעה לא זזתי מלשמש חכמים³) ᵉ) הוא היה אומר דלא שימש חכימיא ᶠ) קטלא חייב⁴). ᵍ)

---

¹) V. fehlt: כרשע. — ²) sic: Rv; V. hat für den ganzen Ausdruck: שלא כל דלא שימש. — ³) Rv: תלמידי חכמים. — ⁴) sic: Rv; V: לזכות על אחת כו״כ חכימיא קטלא חייב ודלא אישתמש חייב קטלי קטלין. —

ᵃ) Nasir fehlt: להם. — ᵇ) ibid. fehlt: כרשע. — ᶜ) Ed. fehlt das zweite דנתי קל וחומר בעצמי ומה אם אכשיו שנתכוונת לזכות. — ᵈ) Semachoth: לזכות. — ᵉ) Semachoth fehlt von: מאותה bis הכמים. — ᶠ) Ed: הכמים st. חכימיא. — ᵍ) Semachoth hat folg. Schluss: וכשהיה אדם מרבר זה לפני רבי עקיבא היה אומר זה היתה תחלת הלל אומר נגד שמא אבד שמיה ודלא אשתמש. — E. W. hat nach Aboth: וזכותי תלמיד הכם קטלא חייב ודלא מוסיף פסיד ודאשתמש בתנא אזיל ואביד. —

---

*) Aller Orten heben die Talmudlehrer die Wichtigkeit des Umganges mit Weisen hervor; Ber. 47b heisst es: „Wenn man sich noch so viele Kenntnisse erworben, hatte man keinen Umgang mit Weisen, so ist man ein Unwissender."

Wer in ein Badehaus tritt (entkleide sich in vorgeschriebener Ordnung): ziehe zuerst seinen Obermantel, dann die Schuhe aus, alsdann die Beinkleider und endlich das Hemd. Der in das Bad Eintretende grüsse zuerst den, der es verlässt, und der aus einem geheimen Orte*) Kommende den, der nach ihm tritt.**)

הנכנס למרחץ ᵃ) בתחלה מעביר הסרבל¹) ואחר כך מעביר את המנעלים ואחר כך מעביר את המכנסים ואחר כך מפשיט את החלוק הנכנס למרחץ נותן כבוד ליוצא והיוצא מבית הכסא נותן כבוד לנכנס. ᵇ)

Capitel IX.

R. Eleasar ha-Kappar lehrt: Meide die Unzufriedenheit; du möchtest dich über andere beschweren, indess du selbst in Sünden beharrest. Liebe den, der dich zurechtweiset,***) und verabscheue den, der dir Lob spendet, damit deine Weisheit sich nicht verringere. Liebe die Demut, damit du deine Tage auslebest.

פרק ט.

רבי אלעזר הקפר אומר התרחק מן התרעמות שמא תתרעם על אחרים ותוסיף לחטא ᶜ) הוי אוהב את מוכיחך כדי שתוסיף חכמה על חכמתך²) ושנא את משבחך³) כדי שלא תתמעט מחכמתך ᵈ) אהוב את הענוה כדי שתמלא את ימיך ᵉ)

---

¹) Rv. fehlt: הסרבל — V. hat hierfür המסוה. — ²) V. fehlt von: כדי bis חכמתך. — ³) Rv: המכבדך st. משבחך. —

ᵃ) cf. Ber. 60a und Derech-Erez r. C. 10. — ᵇ) Ganz so: Jer. Babakama III, 5; and. LA: מקום st. כבוד. — ᶜ) Ebenso: Cap. I S. 6. — ᵈ) Aboth de R. Nathan C. 29 hat: אהוב את מוכיחך ושנא את משבחך מפני שמוכיחך מביאך u. E. W. שנתיך ᵉ) Ed. hat: ידיך. — לחיי העולם הבא והמשבחך מוציאך מן העולם st. ימיך. — As. u. Rch. lesen wie wir: ימיך — welche LA. auch die richtigste zu sein scheint, da sie dem bibl. Worte: ואת מספר ימיך אמלא (Exod. 23,26) entspricht. —

*) Privé. **) Es ist jetzt noch Sitte, dem, der ein Bad genommen, die Worte „zur רפואה" „Stärkung" zuzurufen, wie es auch erklärlich ist, weshalb derjenige, welcher den „geheimen Ort" verlässt, mit vielleicht ähnlichen Worten angeredet werden soll; cf. auch Orach-chajim § 3. ***) R. Jochanan, Sohn Nuri's erzählt: „mehrere Male erhielt Akiba von mir vor R. Gamliel Geisselstrafe, aber desto grösser war seine Liebe gegen mich." (Erachin C. 3.)

Uebe „Liebeswerke" aus, damit du von der Gewalt des Todesengels verschont bleibest. Liebe die Armen, auf dass deine Kinder nicht gleichem Schicksal anheimfallen. Suche das Lehrhaus auf, damit auch deine Kinder zum Studium der Thora gelangen; halte dich gern im Gotteshaus auf, damit du dir alltäglich ein Verdienst erwerbest.

Verrichte sorgfältig das „Sch'malesen"*) und die „Tephilla",**) damit du nicht einst zur Rechenschaft gezogen werdest.***) Dein Haus sei jedermann geöffnet, damit es dir nicht an Nahrung mangele, und achte darauf, dass deine Thüren nicht geschlossen seien, während du deine Mahlzeiten abhältst; denn das führt zur Armut.

אהוב את גמילת חסדים כדי שתנצל ממלאך המות') a) אהוב את העניים כדי שלא יבאו בניך לידי מדה זו (b אהוב את בית המדרש כדי שיבאו בניך לידי תלמוד תורה אהוב את בית הכנסת כדי שתטול שכרך²) בכל יום. (c

הוי זהיר בקריאת שמע ובתפלה כדי שתנצל מדינה של גיהנם (d ויהי ביתך פתוח לרוחה (e כדי שלא יחסרו מזונותיך והוי זהיר בדלתי ביתך שלא³) יהיו סגורת (f בשעה שאתה מיסב באכילה ובשתיה מפני שמביאין אותן⁴) (g לידי עניות

---

¹) sic: Rv. u. V; nur hat letzt.: התשהרות ממלאך st. הטות ממלאך. — ²) Rv.: שכרה st. שכרך. — ³) V: שלא כדי. — ⁴) V. Rv. u. C: שדלתי מפני. — ביתך מביאין אותך. —

a) Ed. hat: התשחורת ממלאך כדי שתנצל החסידים את אוהב הוי. — b) Rch עניות לידי st. זו מדה לידי. — c) Ed. hat eine and. Reihenfolge. — d) Berach. 16 hat: ניהנם לו מצנגין באותיותיה ומדקדק שמע קריאת הקורא כל. — e) Ebenso: Aboth I, 5. — f) Ed: נעולות st. סגרות. — g) sic: E. W; Ed. wie V. Rv. u. C. (cf. N. 4.) —

*) Ueber die Wichtigkeit und Heiligkeit, die dem Sch'magebet zuerkannt wurde vgl. man: Midr. r. zu Levit. P. ibid. zu Exod. P. Ber. 10 und Sifri zu Num. C. 15,39. **) das bekannte „Achtzehngebet" שמונה עשרה. — ***) wörtlich: damit du von Höllenstrafe frei seiest.

Trage die Leiden, die über dich hereinbrechen, mit Ergebung; denn dadurch bleibst du bewahrt vor der Strafe der Hölle.*) Sei auf die Ehre deines Weibes bedacht, dass dasselbe nicht einer Kinderlosen**) gleiche. Freue dich, wenn Hungernde an deiner Tafel gespeist werden; denn das verlängert dein Leben im Dies- und Jenseits. Freue dich der Gabe, die du im Stillen***) von deinem Besitze gespendet; denn du versöhnst dadurch das Geschick, wie es heisst: „Eine Gabe im Verborgenen stillt Zorn." (Prov. 21,44.)

והוי שמח ביסורין הבאין עליך מפני שמצילין אותך מדינה של גיהנם1) a) והוי זהיר בכבוד אשתך כדי2) שלא תהיה כעקרה3) b) והוי שמח על שולחנך בשעה שהרעבים באים ונהנין ממנו4) כדי שתאריך ימים בעולם הזה ובעולם הבא והוי שמח במתנה5) שאתה נותן מתוך ביתך כדי שיכפה ממך אף6) c) שנאמר ומתן בסתר יכפה אף.

---

1) מפני יסורין הבאין עליך הם V: — מפני שמצילין אותך מחולים של מטה Rv: — 2) Rv. fehlt: כדי. — 3) V. stehen die Worte על שולחנך Rv; V: sic 4) — .והיו זהיר bis עקרה vor ביסורין שמח והוי von. — 5) Rv: במתנה st. במטון. — 6) sic: Rv; V: אף st. מלאך המות.

---

a) sic: E. W; Ed: מדינה של גיהנם st. מחולי של מטה. — b) Ed. steht dieser Passus ebenfalls vor: והוי שמח ביסורין וכו׳. — c) Ed: אף מלאך המות. — E. W. streicht die Worte: מלאך המות. —

---

*) Indem sie dir Sühne u. Vergebung bringen; cf. u. a. Jalkut zu Job. — **) Ich habe עקרה in כעקרה corrig. Eine Kinderlose war im Altertum dem Spott und Kränkungen ausgesetzt; cf. u. a. I. Sam. 1,6. — Die LA. שלא תהיה עקרה „auf dass sie nicht kinderlcs sei" würde eine Mahnung für den Gatten an die Erfüllung der ehelichen Pflicht (cf. Exod. 21,10 u. Eben-haëser § 76) einschliessen. ***) Die Worte מתוך ביתך besagen, dass mann im Verborgenen Almosen spenden soll.

אם שמרת פיך מלשון הרע יהיו כל ימיך בשלום a) ואם הזת פניך בפני מי שגדול ממך סופך b) שתבוא לידי בהרת ואם מנעת עצמך מן המצות מלאך המות יקדמך ואם פזרת רגליך על העני ועל המצות יתקיים עליך ברוך אתה בבואך וברוך אתה בצאתך אם הנחת¹) דבר מצוה ועסקת בדבר עבירה c) סוף מתה אשתך במגפה²) שנאמר ואתה בן אדם הנני לוקח ממך את מחמד עיניך במגפה אם רצת לכבוד חכם יהיו לך בנים ובנות מתוקנים³) d) ואם רצת לכבוד עני יהיו לך בנים בעלי תורה⁴) e) ומקיימי מצות בישראל.⁵)

Hast du deinen Mund vor verläumderischen Reden bewahrt, so wirst du alle deine Tage in Frieden verleben; benahmst du dich aber einem Grösseren gegenüber unehrerbietig, so wirst du die Strafe des Aussatzes erleiden.*) So du lässig bist in Erfülluug der Gebote — siehe, der Tod kann dir zuvorkommen; schonst du aber deinen Fuss nicht, wenn es gilt, Armen zu helfen und Gebote zu erfüllen, so werden sich an dir die Worte bewähren: „Gesegnet sei beim Kommen und gesegnet beim Gehen." (Deut. 28,5). Hast du einem wohlgefälligen Werke ein schlechtes vorgezogen, siehe dein Weib wird dir plötzlich entrissen, wie es heisst: „Siehe Menschensohn, ich nehme dir die Lust deiner Augen durch eine Seuche." (Ez. 24,16). Eilest du, einen Weisen zu ehren, so wirst du wohlgeratene Kinder haben; eilest du einen Armen zu ehren, wirst du gesetzkundige Kinder haben, die Gutes in Israel vollbringen.

---

¹) V: אם הנחת st. ואם מנע עצמו — ²) Rv: לסוף שתבוא אשתך במגפה. — ³) V. erg. hier: למעלה. — ⁴) ibid: עושי תורה. — ⁵) Rv. fehlt von אם רצת bis בישראל.

a) Ed: לשלום. — b) And. LA: סוף. — c) Rch: בדברי st. בדברי הרשות — d) Ed: erg. auch למעלה — welches Wort E. W. streicht. — e) Rch: עבירה. — d) Ed: erg. auch בעלי תורה st. עוסקים בתורה. —

*) So wurde Mirjam, die Schwester Mosis, wegen ihrer Verläumdung gegen denselben mit der Strafe des Aussatzes behaftet; cf. Num. 12,10, Exod. 4,6 und Raschi hierzu. —

Bist du beim Sterben eines Gelehrten zugegen, so beobachte die üblichen Trauerceremonien,*) bis er verschieden ist; bist du beim Sterben eines Armen anwesend, so bleibe, bis du ihn zu Grabe geleitet hast, auf dass auch dir, wenn deine Todesstunde schlägt, ein friedliches Grab gebettet werde. Siehst du deinen Nebenmenschen, der verarmt und dessen Hand bei dir sinkt, so lasse ihn nicht leer scheiden, auf dass du bewahrt bleibest vor jeglichem Leid, wie es heisst: „Wer Rechtschaffenheit übt, erfährt nichts Böses". (Koh. 8,5). Hast du ihm ein Darlehn gegeben in der Stunde seiner Not, so wird sich an dir die Verheissung erfüllen: „So du rufst, wird dich der Ewige erhören". (Jes. 58,9).

אם ראית חכם שמת לך וקרע עליו a) עד שיפטר ממך b) אם ראית עני שמת חזור עליו עד שתולך אותו לקברי) c) כדי שבמיתתך תבוא שלום ותנוח על משכבך 2) d) ואם ראית פני חברך שנתדלדל ומטה ידו עמך e) אל תחזירהו ריקם כדי שתנצל מכל רע 3) שנאמר שומר מצוה לא ידע דבר רע ואם הלוית לו מאומה בשעת דחקו יתקיים עליך או תקרא וה׳ יענה. f)

---

¹) sic: Rv. — ²) V. u. Rv. haben für die Worte von כדי bis משכבך folgendes: כדי אלעזר בן פנחס בשלום בשלומך שואלין שבחזירתו. — ³) V. fehlt: כדי שתנצל מכל רע. —

a) Rch: אם ראית חכם. — b) Ed: לך וקרע עליו für עמוד עליו והוור עליו. — c) Ed. fehlt dieser Passus. — שמת אל תחזור מעליו עד שתוליכהו לקבר. — d) E. W: כדי שבמיתתך תבוא ותנוח בקבר על משכבך — wir haben, da dieser Ausdruck nach Jes. 57,2 gebildet ist, hinter תבוא das Wort שלום gesetzt und בקבר gestrichen. — e) Ed. fehlt: עמך. — f) Jebamoth hat· והמלוה לעני בשעת דחקו עליו הכתוב אומר או תקרא וה׳ יענה. —

---

*) cf. Joreh Deah § 340.

Erniedrigst du dich selbst, so wird Gott dich erhöhen, erhebst du dich über deinen Nächsten, wird Gott dich erniedrigen. Strebe nach Frieden, auf dass man dich als friedliebend preise gleich Pinchas, dem Sohne Eliesers. So lehrte auch R. Eleasar ha-Kappar: „Liebe die Eintracht und hasse die Zwietracht."

Von hoher Bedeutung ist der Friede; denn wenn auch die Israeliten sich dem Götzendienst ergeben, dabei aber in Frieden mit einander leben, so hat Gott gleichsam keine Macht, ein Strafgericht über sie zu verhängen,

אם השפלת עצמך הקדוש ברוך הוא מגביהך ואם גדלת עצמך בפני חברך הקדוש ברוך הוא משפילך (ᵃ רדוף אחר השלום ויספרו בשלומך כשלום פנחס בן אלעזר (ᵇ וכן היה רבי אלעזר הקפר אומר אהוב את השלום ושנא את המחלוקת.

גדול (ᶜ השלום שאפילו ישראל (ᵈ בשעה (ᵉ שעובדין עבודה זרה (ᶠ ויש שלום ביניהם כביכול אין השכינה יכולה לנגוע בהם (ᵍ)

---

¹) ואם גדלוך Rv. hat für die Worte von: ואם נדלת bis משפילך folgendes: הביאך בין בהסבה בין בישיבה עשה עמהם שלום כדי שיבוא שלום ינוח על משכבך. — ²) Für כביכול . . . . לנגוע בהם hat Rv: כביכול אומר איני יכל לנגע בהן u. V: אומר איני יכול לינע בהן.

ᵃ) sic: Ed; cf. Tr. Erubin und Mamonides Brief an seinen Sohn. — ᵇ) sic: Rch; Ed: ואם יכבדוך אחרים בין בישיבה בין במסבה עשה עמהם שלום ואם ירבו עמך בין — welchen Ausdr. E. W. corrig. in: כדי שיבוא וינוח על משכבך בישיבה ובין במסבה עשה עמהם שלום כדי שבחזירתך יספרו בשלומך כשלום פנחס בן אלעזר. — Rch. findet sich folg. Ausdr.: ואם הקלו אותך אחרים בין — ᶜ) Vor: בישיבה ובין במסיבה עשה שלום עמהם כדי שיבוא שלום ינוח על משכבך נדול steht Midr. Gen. r. P. 38 u. Jalkut Hosea § 520: רבי אומר — Num. r. P. 11 und Jalkut Num. § 711: ר' אלעזר בנו של ר' אלעזר הקפר. — ᵈ) Ed. u. Jalkut Hosea fehlt: ישראל. — ᵉ) Im Midr. u. Jalk fehlt: בשעה. — ᶠ) Für עבודה זרה hat Jalkut Ps. § 711 u Jalk. Gen. § 62: עבודת אלילים und ibid. Hosea אלילים. — ᵍ) sic: Ed; Gen. r., Jalk. Gen. u. Jalk. Hosea כביכול איני יכול לישלוט בהם — Num. r., Jalk. Num. כביכול אמר הקדוש ברוך הוא אין השטן נוגע ביניהם; Jalk. Ps.: אין השטן נוגע בהם. —

שנאמר חבור עצבים אפרים | wie es heisst: „Mit Götzen ver-
הנח לו אם יש ביניהם מחלוקת ᵃ) | sippt ist Ephraim, lass es!"
מה נאמר בהם¹) ᵇ) חלק לבם | (Hos. 4,17). Herrscht aber Zwie-
עתה יאשמו ᶜ) הא ᵈ) גדול | tracht unter ihnen, wie lässt sich
השלום²) ושנא את המחלוקת ᵉ) | die heilige Schrift dann aus? „Ihr
כיצד ᶠ) עיר שיש בה מחלוקת סופה | Herz ist geteilt, nun sollen sie
ליחרב ואמרו חכמים מחלוקת בעיר | es büssen!" (ibid. 10,2.) Siehe,
שפכות דמים³) בית הכנסת שיש בו | wie gross der Friede ist! —
מחלוקת סופו להיות בית המנים⁴) ᵍ) | „Hasse die Zwietracht!" wa-
בית שיש בו מחלוקת סופו | rum? Eine Stadt, in der Zwie-
ליחרב⁵) ʰ) שני תלמידי חכמים | tracht herrscht, geht ihrem Unter-
הדרים בעיר אחת וכן שני בתי | gange entgegen; auch sagen
דינים ⁱ) וביניהם מחלוקת סופן | unsere Weisen: „Streitigkeiten in
למות⁶) אבא שאול אומר מחלוקת | einer Stadt führen zu Blutschuld;
בתי דינן חורבן העולם. ᵏ) ⁷) | Hader im Gotteshause wandeln
dasselbe zum Götzenhause; ein
Haus, in dem Zwietracht herrscht,
geht seinem Untergange entgegen;
zwei Gelehrte an einem Orte,
und ebenso zwei Gerichtshöfe, die
sich anfeinden — der Tod ist
ihr Los!" Abba Saul sagt:
„Zwist unter Gerichtshöfen zer-
stört die bürgerliche Wohlfahrt."

---

¹) Rv: אבל שנהלקו מהו אומר — אבל בדבר מהלוקת מהו אומר V: — .אבל שנהלקו מה נאמר בהם.
²) sic: Rv. — ³) sic: Rv. — ⁴) sic: E. W.; Rv: סופה ליחרב u. V: סופה להישמם.
⁵) sic: Rv — ⁶) sic: V; Rv. ואמרו חכמים שני — .סופה להית בית המגים st.
ואמרו חכמים: Rv (⁷ — .בתי דינן והם בעיר אחת וביניהם מחלוקת סופו למות
— .מחלוקת בבית דין הורבן העולם

ᵃ) Num. r. u Jalk. Num אבל מי שנהלקו. — ᵇ) Gen. r. u. Jalk. Hosea
הא למדת. — ᶜ) sic: Ed. — ᵈ) Gen. r. hat אבל מי שנהלקו מה הוא אומר
ᵉ) Midr. u. Jalkut haben השנואה המחלוקת u. verbinden dies mit הא גדול השלום
Der Sinn ist daselbst „Hieraus kannst du folgern, dass der Friede gross, die
Zwietracht aber verhasst ist." — ᶠ) Ed: הא כיצד, welche Worte E. W. streicht. —
ᵍ) sic: E. W. — ʰ) Ed. בית שיש בו מחלוקת סופו ליחרב והחכמים אומרים
— ⁱ) sic: E. W.; Ed: והם בתי דינין. — מחלוקת בבית הכנסת סופו להתנזר
ᵏ) sic: Ed; Tr. Sota 49a hat שני תלמידי חכמים הדרין בעיר אהת ואין נוהין זה
לוה בהלכה אחר מת ואהד גולה. —

AbbaJse, Sohn Jochanans, im Namen Samuel des Kleinen sagt: „Diese Welt gleicht dem Augapfel des Menschen; das Weisse in demselben entspricht dem Ocean, der die ganze Erde umströmt; der Augenstern stellt die Erde dar, die Pupille darin Jerusalem, das Bild in derselben den heiligen Tempel, dessen baldige Wiedererbauung wir und ganz Israel entgegensehen Amen."

אבא איסי בן יוחנן¹) ª) משום שמואל הקטן אומר העולם הזה דומה לגלגל עינו של אדם²) לבן שבו זה ים אקינוס שמקיף את כל העולם כולי שחר שבו זה ישוב³) ᵇ) קומט שבשחור זה ירושלים פרצוף שבקומט זה בית המקדש שיבנה במהרה בימינו ובימי כל ישראל⁴) ᶜ) אמן.

---

¹) Für אבא איסי בן יוחנן hat Rv: אבא חנן u. V: אבא יוסף בן יוחנן. —
²) V: בשר ודם st. אדם. — ³) sic: Rv. u. V. — ⁴) Rv. fehlt: ובימי כל ישראל. —

ª) sic: Ed. — ᵇ) Ed. זה עולם. — ᶜ) sic. Ed. —

Berichtigung.

S. 8 Erkl. †††† Zeile 3 von unten ist hinter R. Jehuda h. zu ergänzen: Namens Jabez.

Es sei mir am Schlusse gestattet, Herrn Professor Dr. A. Müller für die freundlichen Rathschläge bei vorliegender Arbeit, Herrn Prof. Dr. O. Schade für das mir vielfach gütigst erwiesene Wohlwollen und warme Interesse, den Herren: Dr. A. Berliner und Dr. M. Steinschneider in Berlin, Ph. Rothstein hier, S. J. Halberstam in Bielitz, R. N. Rabbinowicz in München und Dr. M. Schwab in Paris, die mich durch praktische Winke und Zusendung des handschriftlichen Materials bereitwilligst unterstützt haben, meinen aufrichtigsten und innigsten Dank auszusprechen.

Thesen.

1. Psalm 88 gehört dem Zeitalter des Königs Usia an.

2. I. Chronik 24,6 sind die Worte וְאָחֻז in der zweiten Vershälfte in וְאָחָד אָחֻז zu emendieren.

Vita.

Natus sum Abraham Tawrogi die X mensis Decembris anni h. s. LVI in Russiae urbe Neustadt-Schirwindt, patre Hirsch magistro, matre Ida e gente Epstein; quos parentes mihi dilectissimos usque ad summam senectutem salvos et incolumes conservet, Deum Optimum Maximum oro. Fidei addictus sum veteri. Privata institutione litteris profanis imbutus, Hanoveram me contuli, ubi in seminarium judaico-theologicum sub auspiciis viri illustr. Prof. Dr. S. Frensdorff, nunc viri illustr. Dr. Prager florens receptus, sodalibus eius quattuor annos adnumeratus sum. Deinde Regimontium me contuli. Ibi cum Prof. Dr. Wagner t. t. decanus, et Prof. Dr. Weber prorector magnificus studia mea cognovissent, initio anni h. s. LXXX Universitatis Albertinae civium academicorum numero adscriptus sum.

Scholis interfui orientalibus, philosophicus, germanis, historicis virorum ill:

    Garbe, Ludwich, Müller, Prutz, Quäbicker†,
    Schade, Simson, Walter, Wichert, Thiele.

Quibus omnibus praeceptoribus meis gratias quam maximas ago semperque habebo. Examen rigorosum die XI mensis Decembris absolvi.